KAANSAFI

CONCIENCIA DEL SER Y DEL CONOCER

Sergio Bojalil-Parra

Kaansafí
Modelo Sistémico para la Integración de Conocimientos.
Aplicado a la educación, la salud y el desarrollo humano.

© ® Luis Sergio Bojalil Parra 2016
Educein
Centro Internacional de Estudios Integrados

© ® Luis Sergio Bojalil Parra.
Fecha de publicación de esta edición 2020
Ciudad de México

Datos de contacto
www.linkedin.com/in/Sergio-bojalil-parra
www.educein.net
Facebook: Desarrollo a través del conocimiento
www.facebook@desarrollosuperior

ÍNDICE

CARTA DEL AUTOR

La idea de orientar mis actividades hacia el desarrollo humano surgió hace muchos años a partir de mis estudios en la escuela de medicina de la Universidad Autónoma Metropolitana (UAM) de la Ciudad de México. El plan de estudios estaba dividido en grandes categorías, una de ellas era "Crecimiento y Desarrollo". Entre los temas preponderantes destacaban la gestación humana, las características del desarrollo en las distintas fases y edades humanas desde el nacimiento hasta la vejez, las funciones cerebrales a lo largo de la vida y el desarrollo de aptitudes como lo son el lenguaje, los movimientos motores finos y gruesos, las habilidades personales y sociales y el estudio de diversas teorías psicológicas, psiquiátricas y cognitivas.

Quiero destacar las enseñanzas del Dr. Edgardo Enríquez Fröden con quién charlaba durante la carrera, y aun después, sobre neuroanatomía, neurofisiología y otros temas de interés. A partir de una serie de entrevistas que realicé al Dr. Enríquez se publicó el libro "Anatomía del corazón" y un blog relacionado.

Mi servicio social lo realicé en una comunidad tén
ek de la Región Huasteca del estado de San Luis Potosí. Tuve el privilegio de convivir y servir a un pueblo de alto nivel de desarrollo humano que lo conserva y promueve a pesar de la marginación social y económica en la que vive. Debido a que la mayor parte de la gente no habla español me interesé en aprender su lengua y aplicarla, como se podía, en mis actividades de consulta y educación. También escribí una guía para realizar la historia clínica y un diccionario en lengua tének que puede ser consultado en internet.

Después de graduarme como médico, participé en la impartición de un programa de capacitación en donde las teorías cognitivas y de desarrollo aplicadas a los grupos y organizaciones fueron parte fundamental del Proyecto de Liderazgo y Administración de Recursos diseñado por el Dr. Pablo Aznavwrian. Esta actividad la realizamos durante 7 años con los pilotos de la Compañía Mexicana de Aviación y otras organizaciones lo que impactó favorablemente en la disminución y mejor manejo de las incidencias debidas a factores humanos. El hecho de impartir este curso de forma constante durante 7 años me permitió comprender a profundidad y relacionar características similares entre diversas teorías. El Dr. Aznavwrian, persona sabia, consultor organizacional y autor del método de

Sinergética Creativa, ha continuado como mi amigo y tutor y ha tenido una participación muy importante en mis reflexiones con sus comentarios, explicaciones y señalamientos.

De forma paralela durante esos años coordiné el programa de Mejoramiento Continuo y Desarrollo Organizacional en una empresa farmoquímica en donde se realizó un proceso de fortalecimiento de la cultura organizacional, lo cual ofreció un espacio idóneo para la aplicación de estos planteamientos sobre el terreno.

Adicionalmente me involucré en un proceso personal de conocimiento bajo la dirección el Dr. Carlos Biro Rosenblueth, con una metodología de psicoanálisis de corte psicoanalítico freudiano. El Dr. Biro además de conducir mi proceso de desarrollo, me impulsó como su discípulo para entrenarme en las técnicas y actitudes de su práctica, las cuales he aplicado a los procesos educativos en los que me he involucrado.

La perspectiva de una casa común con sus variantes y expresiones disímbolas y al mismo tiempo con anhelos compartidos por personas de distintas culturas y latitudes fue uno de los remanentes surgidos de diversos viajes con fines culturales y laborales que tuve la oportunidad de hacer por gran parte de México y por diversos países: Reino Unido, España, Francia, Italia, Ex Yugoslavia, Grecia, Turquía, Siria y Líbano, así como Cuba, Ecuador, Brasil, Argentina y Estados Unidos.

De mis estudios en la Maestría en Comunicación y Desarrollo de la Universidad Iberoamericana de la Ciudad de México, quiero destacar las enseñanzas del Dr. Miguel Manzur Kuri, con quien exploramos el proceso de la comunicación humana desde diversos planteamientos filosóficos. También tuve la oportunidad de intercambiar puntos de vista y recibir orientación en aspectos de educación del Dr. Carlos Muñoz Izquierdo.

Desde 1990 he realizado actividades de docencia, investigación y divulgación siendo uno de sus ejes principales el Modelo Sistémico de Integración de Conocimientos para el desarrollo humano.

Una primera publicación sobre los elementos estructurales del Modelo pueden ser consultados en un artículo que escribí en 1994 para la revista "Reencuentro" de la Universidad Autónoma Metropolitana, llamado "Innovación Educativa y Desarrollo Humano".

La profundización en la búsqueda de una relación compartida entre diversas áreas de estudio fue reforzada y redimensionada a partir de diversos *Encuentros Internacionales de Integración del Conocimiento* llevados a cabo en esa misma institución entre 1994 y 1997.

El ser Director de Cooperación Internacional con la UNESCO, en la Dirección General de Relaciones Internacionales de la Secretaria de Educación Pública, me permitió dimensionar la importancia de las políticas de educación, de comunicación, de preservación y significación del patrimonio cultural para el logro de un mejor desarrollo humano. De especial importancia me parece el concepto de patrimonio intangible que une, da significado a la vida y constituye un elemento fundamental de la cultura de las personas, los grupos y los países; incluye el conocimiento y las formas de transmitirlo, interpretarlo, significarlo y aplicarlo.

En el año 2002 formé Educein, una Sociedad Civil desde la cual he desarrollado mis actividades.

La visión del desarrollo humano se reforzó con la traducción que realicé para la OCDE del libro "La comprensión del cerebro, una nueva ciencia del aprendizaje" (2003), en el cual se incorporaron los descubrimientos más importantes hasta ese momento en torno a la neurociencia cognitiva.

Estos conocimientos se ahondaron por las diversas traducciones realizadas para la Secretaría de Educación Pública de México relacionadas con la educación, los ambientes de aprendizaje y las formas cómo aprende la gente.

Durante actividades docentes en la Maestría en Gestión de la Información de la UAM-X puse énfasis en la búsqueda de planteamientos orientados a analizar la información de manera crítica y fundamentada, a incorporar una visión histórica y a integrar la información de forma eficiente de acuerdo con los objetivos de las personas y de las organizaciones.

El interés por la perspectiva histórica en la comprensión del desarrollo humano me llevó a incorporar el estudio de la expresión y evolución de las culturas humanas, destacando lo relacionado con México, así como con el Mediterráneo y el Medio Oriente antiguo con énfasis en la historia y cultura de los fenicios. Esta área de estudio ha sido otro elemento fundamental en mis actividades que incluyen cursos, conferencias, publicación de un sitio de divulgación en internet y exposiciones. En este camino he tenido interesantes pláticas con Yacoub Badaoui, historiador y sacerdote maronita con quien intercambié puntos de vista sobre la historia y la interpretación de conceptos filosóficos y expresiones de las culturas fenicia y aramea. También, en conversaciones con el Dr. Jorge Marcos Karmy, profesor de la UAM, quien frecuentemente recordaba su origen betlemita, tuve la oportunidad de profundizar en el sentimiento espiritual del Medio Oriente y su universalidad. Agradezco al Museo Nacional de las Culturas del Mundo en la Ciudad de México, incorporarme a sus actividades para dar a conocer estos temas y por haberme nombrado asesor académico en historia y cultura del Levante Mediterráneo.

Grandes personas y la vida compartida con quienes me han acompañado, así como mis actividades profesionales, me han permitido encontrar puntos de encuentro y significados valiosos en torno a nuestra condición humana.

Todos estos elementos están reflejados de alguna manera en el Modelo Kaansafi. El objetivo del Modelo es la integración sistémica de conocimientos para la comprensión del desarrollo humano; no es un catálogo de teorías que podría ser interminable y poco práctico para el aprendizaje, esto sería una repetición innecesaria puesto que cada una de ellas puede ser consultada adecuadamente en los libros y artículos especializados. El Modelo tampoco busca reemplazar o modificar teorías, más bien se trata de un concepto, una metodología y una guía para organizar y comprender mejor los fenómenos y los procesos de autoconocimiento y desarrollo a nivel individual, grupal y organizacional y experimentar el poder y el gozo de aplicar las cuatro sabidurías que sustentan al Modelo Kaansafi:

Saber Pensar

Saber Hacer

Saber Relacionarse

Saber Innovar

Kaansafi es esencialmente un acercamiento a la construcción de una conciencia de nuestros procesos de ser y de conocer con una orientación sistémica e integradora. Tanto el trazo como los conceptos del Modelo Kaansafi son una elaboración personal a partir de los cuales sintetizo de manera tanto simbólica como racional esta propuesta. Por último deseo aclarar el origen de la pàlabra Kaansafi, es un término que acuñé a partir de dos expresiones de las lenguas fenicia, aramea y árabe que significan: ser y conocer.

Sergio Bojalil-Parra

Ciudad de México

Datos de contacto

www.linkedin.com/in/Sergio-bojalil-parra

www.educein.net

PRESENTACIÓN

El Modelo Kaansafi

CONCIENCIA DE SER Y CONOCER

Es un modelo orientado a fortalecer los procesos de

Saber Pensar

Saber Hacer

Saber Relacionarse

Saber Innovar

DESARROLLO A TRAVÉS DEL CONOCIMIENTO

El Modelo Kaansafi permite la integración de conocimientos para impulsar el desarrollo a nivel personal, grupal y organizacional.

INTEGRACIÓN SISTÉMICA

La visión sistémica del modelo expone que todas las funciones del ser y del conocer están relacionadas, por lo que trabajar en el mejoramiento de un aspecto de la persona tiende a mejorarla de forma integral.

CIENCIA Y FILOSOFÍA

Reúne diversas áreas del saber, teorías y metodologías orientadas a fortalecer y profundizar una concepción del mundo. Los conceptos provienen de las neurociencias, de teorías del desarrollo psicosocial, teorías de los procesos de conocimiento y de aprendizaje, de filosofías y de teorías del desarrollo humano.

MODELO PARA LA EDUCACIÓN

El Modelo Kaansafi se aplica en la educación en todos sus niveles. Propone ser una contribución a los esfuerzos existentes encaminados a que la educación y los programas de estudio se centren en el desarrollo integral de las personas y no sólo en conocimientos. Esta propuesta es aplicable en ambientes formales como las escuelas o cotidianos como la participación de los padres en la educación de sus hijos.

HERRAMIENTA PARA EL DESARROLLO LABORAL

El Modelo Kaansafi permite identificar los procesos que participan en la cultura de las organizaciones y de los grupos, las interacciones que se establecen y cómo afectan el desarrollo y el desempeño. Permite diseñar un plan de fortalecimiento de las habilidades laborales, las funciones de la organización y el manejo constructivo de los factores humanos.

CONSTRUIRSE COMO PERSONA

El Modelo Kaansafi busca apoyar el desarrollo de la persona al fortalecer diversos aspectos que se presentan en el devenir de la vida. Se orienta hacia un proceso de organización personal. En el espacio psíquico es la construcción de una estructura interna y el logro de un orden significativo que proporcione herramientas personales para comprender, actuar enfrentar diversos retos en el desarrollo del ser y del conocer.

PARTICIPACIÓN ACTIVA EN EL DESARROLLO

El propósito final del Modelo es que cada persona contribuya de la mejor manera posible en el desarrollo de sí mismo y de los grupos en los que participa; que la construcción del sí mismo tenga un objetivo solidario en participar en un mundo compartido a partir de comprender e impulsar los que es significativo para la realización de su persona y su entorno.

KAANSAFI

Es un modelo sistémico de integración de conocimientos para la educación, la salud y el desarrollo humano.

"Este es un libro sistémico, no lineal, por lo que puedes consultarlo a partir de cualquier capítulo, llevar la secuencia que prefieras y finalmente integrar tus conocimientos.

KAANSAFI

PRIMERA PARTE
LAS BASES

CAPÍTULO 1

EL MODELO KAANSAFI

Este es el Kaansafi

Kaansafi es un principio integrador para reflexionar y lograr el entendimiento profundo del ser y del conocer, el símbolo del Kaansafi representa la totalidad de la persona que es y que conoce. Es una metáfora de nosotros mismos. Es un camino orientador que transita entre el símbolo y la razón para lograr la conciencia, la comprensión y la acción hacia la salud, el aprendizaje y el desarrollo.

El Modelo Kaansafi proporciona los elementos para entender, construir y desarrollar la cosmovisión personal, grupal y organizacional. Permite identificar los contenidos a partir de los cuales interactúan los elementos que forman nuestro cosmos interior, el *"endocosmos del ser y del conocer"*, pues de ello dependerán el discernimiento, las palabras, los hechos y los sentimientos que generemos y el impacto que tendrán sobre la vida. Trabajar con nuestra cosmovisión tiene implicaciones humanistas, científicas, filosóficas y espirituales que alimentan nuestras sabidurías: Saber Hacer, Saber Pensar, Saber Relacionarse, Saber Innovar. Hacer consciente, contemplar y sentir nuestra cosmovisión a través del símbolo y la razón permitirá llevar adelante nuestro proceso de bienestar.

Este documento es la explicación inicial de lo que constituye el Kaansafi, busca motivar al estudio, la reflexión y a la acción con base en una visión integral y dinámica de nuestros procesos de ser y de conocer para alcanzar niveles más altos de conciencia.

El Modelo Kaansafi está conformado por cuatro dimensiones:

De adentro hacia afuera.

Núcleo vital

Sensibilidad, percepción y conocimiento

Cuerpo y movimiento

Intercambio con el medio ambiente

EL TRAZO DEL KAANSAFI

El Kaansafi es un trazo vital, unificador que con su dinámica interna y elementos característicos, simboliza el universo interior, *el endocosmos del ser*. El entendimiento del Kaansafi permite vislumbrar caminos que llevan a la transformación y fortalecimiento de los mundos personales y sociales.

EL ORIGEN DEL KAANSAFI

El Kaansafi permite la reflexión sobre la *integración significativa* que conlleva la victoria de la organización y de la vida, la permanencia, la estabilidad, el logro de un equilibrio dinámico y la acción productiva ante el caos y los retos de la vida, como personas, sociedad y especie; en lo temporal y en lo trascendente.

INTEGRACIÓN SIGNIFICATIVA

En el ser humano la integración significativa, el ordenamiento dinámico, inicia con una célula luminosa a partir de la cual somos, crecemos y nos desarrollamos. El desarrollo de este núcleo vital deriva en tres construcciones fundamentales: *cuerpo, interacción* y *conocimiento*. Estas tres entidades mantienen una relación e influencia constante entre sí y al mismo tiempo que conforman una unidad, mantienen en lo particular su identidad y formas de expresión.

Primera integración significativa: *cuerpo y movimiento*. Estructura, presencia y acción como primera identidad de todos los seres vivos.

Segunda integración significativa: *relación e intercambio con el mundo*. Los elementos del universo y los organismos vivos están en acción y en interacción continua unos con otros, se reúnen, se transforman, se sostienen, forman sistemas en donde participan, se alimentan, compiten, se fortalecen, se afectan, se debilitan, se destruyen, se aceptan o se rechazan.

Tercera integración significativa: *sensibilidad, percepción y conocimiento*. Las entidades actúan e interactúan, sienten, perciben y llegan a entender lo que es el tiempo y el espacio, las formas y los cambios, la idea de sí mismo, el reconocimiento del mundo, el devenir de la vida. Es el sustento de la conciencia, de la mente que comprende.

Estos componentes se expresan en el Modelo Kaansafi tal como se exponen a continuación.

EL NÚCLEO VITAL
EL ORIGEN

En el centro del Modelo se ubica una estrella de ocho picos que representa la integración total. Es la unidad de la cual se deriva todo y a la que todo regresa. Representa la síntesis de todo lo que somos. Es un símbolo profundo, principio de posibilidades y de realidades, un infinito que se renueva a sí mismo en un ir y venir interminable.

Es la totalidad originaria, la primera célula pluripotencial de la cual se deriva todo el ser. Es lo que relaciona a la persona con el universo. Es la fuente de las características propias, únicas e irrepetibles, a partir de la cual se genera la posibilidad de la persona de expresarse de múltiples formas de ser y de conocer a lo largo de su vida y de acuerdo con su circunstancia y participación. El núcleo es la esencia, el fundamento vital y la renovación. Es origen y retorno. Del Núcleo Vital se derivan todas las dimensiones de la persona.

PRIMERA INTEGRACIÓN SIGNIFICATIVA
CUERPO Y MOVIMIENTO

EL MARCO FÍSICO DE LA INTEGRACIÓN

El contorno del Modelo Kaansafi simboliza el marco que da identidad, visibilidad y funcionalidad a la persona.

Es la expresión visible de nuestro cuerpo. Delimita el espacio para la construcción de la integridad que da origen a nuestro universo interior, orienta las asociaciones que desatan la energía creativa y ordenadora que sostiene la existencia.

Define el espacio dentro del cual emanan y se desarrollan las fuerzas y características que nos hacen únicos y singulares y en donde se lleva a cabo el desafío que significa construirnos como personas. Enmarca los procesos de fusión de diversos elementos, la relación dinámica e integradora de componentes, originalmente dispersos, que construyen universos.

El cordón bicolor, significa que todo lo que hay en nosotros como universo definido, delimitado y diferenciado puede desarrollarse y ser observado desde diversos puntos de vista y puede expresarse de maneras diversas. Incluye también las bases de lo que está a nuestro favor y lo que está en contra, fuerzas y debilidades, oportunidades y barreras, dualidades y los espacios entre estas. Marca los bordes del tablero en donde se expresa el devenir de la propia vida.

ENERGÍA DEL SISTEMA

La energía mantiene la vida y sus alcances. La energía promueve y permite la integración, la función, el movimiento y la continuidad del ser.

EXPANSIÓN Y RETRACCIÓN

El Modelo Kaansafi es una metáfora de un sistema vivo, de un cuerpo que tiene movimientos de expansión – retracción que le permiten actuar en el mundo, tal como ocurre con los latidos del corazón, la respiración en los pulmones y el movimiento muscular. Somos seres que vivimos porque nuestro cuerpo mantiene un proceso continuo de expansión y retracción.

EQUILIBRIO Y REGULACIÓN

De forma continua estamos en un proceso vital de equilibrio y regulación a través de un proceso de comunicación interna que alcanza y toca todo nuestro ser desde las estructuras más diminutas hasta los sistemas más complejos. Este proceso reúne y ordena la información, actualiza la identidad, mide, evalúa y promueve las acciones y las pausas de cada uno de los componentes de nuestros sistemas para mantener o volver a alcanzar el equilibrio dinámico general. Actúa como una coordinación reguladora unitaria funcional del sí mismo.

SEGUNDA INTEGRACIÓN SIGNIFICATIVA
RELACIÓN E INTERCAMBIO CON EL MEDIO AMBIENTE

PUERTAS

Las puertas se observan en cada uno de los puntos cardinales. Significa que nosotros como sistema no estamos aislados, nos conectamos con el mundo. Las puertas se abren y se cierran, a veces de manera consciente a veces inconsciente. Por las puertas se canalizan las expresiones del ser y del conocer. También se recibe, del medio externo, lo que alimenta al cuerpo y a la mente. Simbólicamente son las vías por las cuales recibimos y aportamos, es el camino por el cual se expresa la relación material, intelectual, emocional y espiritual que establecemos con el ambiente que nos rodea. Las puertas son nuestras sabidurías: Saber Pensar, Saber Hacer, Saber Relacionarse y Saber Innovar.

SENSIBILIDAD, PERCEPCIÓN Y CONOCIMIENTO

LAS FUNCIONES SENSOCOGNITIVAS

Las funciones de sensibilidad, percepción y conocimiento están representadas con una matriz de ocho casillas que conforman la Matriz Octogonal.

A cada casilla se le ha asignado una letra y una función.

Funciones sensocognitivas básicas: A-racionalidad, B-creatividad, C-emotividad, D-normatividad.

Funciones sensocognitivas complejas: AB-conceptualización, BC-práctica flexible, CD-interacción, DA-práctica formal.

A Racionalidad	AB Conceptualización	B Creatividad
DA Práctica formal		BC Práctica flexible
D Normatividad	CD Relación Socioambiental	C Emotividad

LAS FUNCIONES SENSOCOGNITIVAS BÁSICAS

Las funciones A, B, C, D, incluyen tres figuras en un triángulo, esto significa que cada función puede tener tres expresiones y aplicaciones: en lo personal, en lo grupal y en lo universal.

Tiempo y energía dedicada para sí mismo, a los grupos cercanos o a la humanidad.

A. Racionalidad. Información.

B. Creatividad. Ideas.

C. Emotividad. Sentimientos.

D. Normatividad. Orden.

LAS FUNCIONES SENSOCOGNITIVAS COMPLEJAS

Las funciones AB, BC, CD, DA, muestran patrones geométricos que representan sus características.

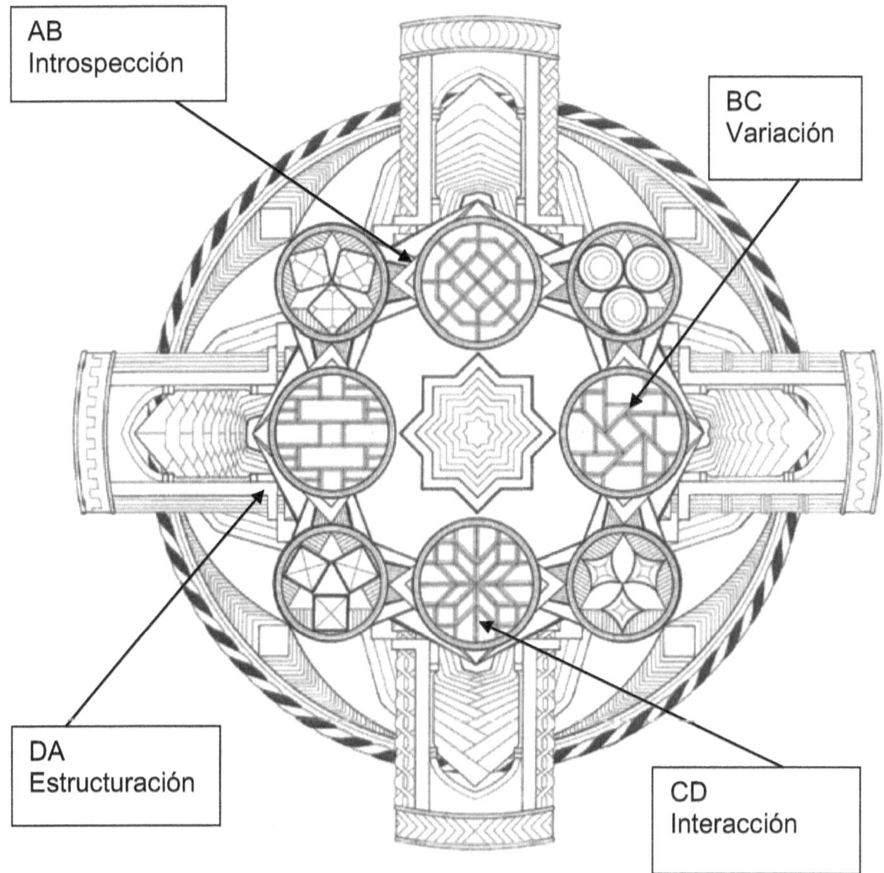

MOVIMIENTO CONTINUO

En la expresión gráfica del Modelo Kaansafi los círculos representan el movimiento continuo, el paso del tiempo, el transcurrir en el espacio, la evolución, el devenir, la transformación, los ciclos y la renovación.

RELACIONES MULTIDIRECCIONALES

Todas las casillas están en relación entre sí. Esto indica que es un sistema multidireccional y que el cambio en uno de los elementos provoca cambio en todos los demás.

Influencia entre todos los elementos

Influencia en todos los sentidos

ESTRELLA OCTOGONAL DE BASE TRIANGULAR

Relaciones terciadas de tránsito infinito.

Los elementos al interactuar en relaciones terciadas forman una estrella octogonal de transito continuo e infinito. Las relaciones terciadas permiten que las diversas funciones sensocognitivas se alimenten, fortalezcan y equilibren entre sí en una dinámica permanente.

Desplegado para la reflexión y la meditación

ANALOGÍAS

EL MODELO COMO METÁFORA DEL SER HUMANO

El Modelo Kaansafi es una metáfora del ser humano en su dimensión personal, grupal, social y espiritual. Puede utilizarse como un diagrama para la reflexión y como instrumento para la interpretación de varios indicadores significativos del desarrollo humano.

Organismo vivo

Al observar la figura del Modelo Kaansafi podemos imaginarlo como un organismo que gira, late, se expande, se contrae y vibra; y visualizar que cada una de sus partes tiene movimiento propio. El concepto del Modelo Kaansafi no difiere de lo que es el universo que está en movimiento y cambio constante y, sin embargo, mantiene su identidad.

EL MODELO COMO SÍMBOLO

Es un símbolo que permite organizar, integrar, comprender y desarrollar las funciones del ser y del conocer. Simboliza los diferentes espacios de nuestra vida interior para mantener lo valioso, desechar lo que está de más, crear vacíos para incorporar lo novedoso y descubrir lo trascendente.

Obra de arte

El Modelo Kaansafi manifiesta el estado de ánimo y el entendimiento que tienen las personas de sí mismas y de su entorno. En el fondo es deseable alcanzar la mejor versión, lograr una gran obra de arte que exprese bienestar a través de una sensación estética.

Espejo interior

Es un espejo que es observación, comprensión y diálogo. La imagen que refleja se transforma a medida que se integran nuevos datos y conocimientos. De igual manera permite comprender y dialogar sobre diversos aspectos de la vida cotidiana para reflexionar, cuestionar, encontrar respuestas, estructurar el discurso, dar nombre a las cosas y describirlas.

Arquitectura geométrica

El Modelo Kaansafi es geométrico, un símbolo para la integración de conocimientos de manera arquitectónica para lograr un refugio y una habitación para el ser y el conocer, un ambiente de carácter sólido y estético que contiene significados, sensaciones, emotividades e identidades.

Arquetipo

El Modelo Kaansafi está conformado por diversas estructuras simbólicas lo que permite considerarlo una síntesis de imágenes arquetípicas. Es un símbolo integrador que a través de lo visual impacta la conciencia y el significado del ser y del conocer y de sus diversas manifestaciones. Permite y orienta la contemplación, la meditación, la reflexión y la acción. Es una metáfora que se busca y se construye a sí misma.

CAPÍTULO 2

LA MATRIZ OCTOGONAL

EL ESPACIO DE INTEGRACIÓN
DE LOS CONOCIMIENTOS

En el Modelo Kaansafi, la Matriz Octogonal es la herramienta, el marco conceptual y el espacio en donde se trabaja la integración de conocimientos. Está constituida por 8 casillas en los bordes exteriores y en el centro se ubica el símbolo de la integración total.

LA INTEGRACIÓN DE VARIABLES Y CONSTANTES

La Matriz Octogonal se refiere a una interrelación entre una estructura geométrica que representa el orden constante y predecible de los procesos de conocimiento, las generalidades compartidas por todas las personas y un espacio con contenido vital que representa lo variable, lo personal, lo cambiante y funciona con cierto desorden; expresa las particularidades en la vida de cada quién por lo que es especial y significativo para cada persona, grupo y organización.

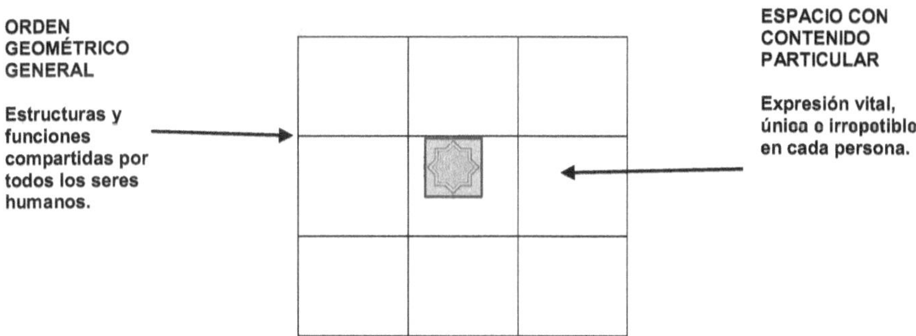

Los contenidos de este espacio se van incorporando a lo largo de la vida y este proceso puede ser consciente o inconsciente y depende de múltiples factores personales, familiares, históricos, organizacionales, culturales y sociales.

La estructura matricial tiene a la vez estabilidad y flexibilidad considerable. Nos da sentido de constancia y al mismo tiempo nos permite comprender de manera creativa los cambios y visualizar un todo ordenado a partir de espacios particulares especializados.

Algunos componentes de la Matriz Octogonal se mantienen al mismo tiempo que otros cambian.

¿Qué se mantiene? La estructura geométrica con sus cualidades dinámico-estructurales y sus funciones.

¿Qué cambia? Los contenidos, la forma como entendemos y construimos la dinámica y el contenido de nuestra mente, las expresiones, las valoraciones, la visión del mundo. Cambian también las preguntas y las respuestas.

Ninguna casilla tiene jerarquía sobre las demás, esto evita un punto de vista único, centralizado y rígido. Ayuda a identificar la influencia relativa de cada elemento según el tema analizado.

A cada casilla la consideramos un centro de análisis que orienta la toma de decisiones. Los contenidos incorporados a las casillas provienen de distintas teorías, orígenes y conocimientos. Desde las disciplinas académicas confluyen las neurociencias, la epistemología, ciencias del desarrollo psicosocial y la filosofía, así como otras teorías y conocimientos emergentes. El avance y profundización que cada disciplina vaya alcanzando, a través del tiempo, podrá ser incorporado. El contenido y la comprensión de cada función también son enriquecidos por la experiencia, las reflexiones y construcciones personales así como por referentes socioculturales tales como las prácticas sociales, concepciones del mundo, mitos y creencias.

ELEMENTOS DINÁMICO-ESTRUCTURALES DE LA MATRIZ OCTOGONAL

Franjas y columnas

En la estructura matricial del Modelo Kaansafi se consideran franjas horizontales y columnas, cada una de ellas con tres subgrupos de cualidades.

Franjas horizontales

Las franjas son tres espacios horizontales sobrepuestos.

Franja superior: pensamiento

Franja media: actividad, producción, acciones o prácticas.

Franja inferior: interacción con sí mismo, con los demás y con el medio.

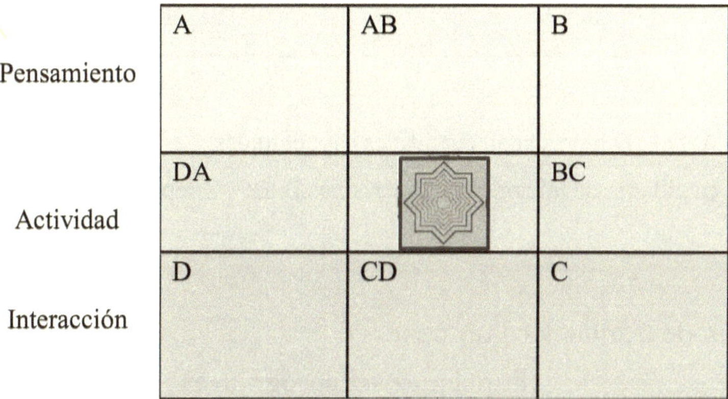

Por lo que las casillas A, AB, B se relacionan con cualidades para pensar. Las casillas DA, BC se relacionan con cualidades prácticas. Las casillas D, CD, C se relacionan con cualidades de interacción.

Columnas

Las columnas son tres espacios verticales.

Columna izquierda: estructuración o formalidad

Columna media: integración

Columna derecha: cualidades flexibles, espontáneas o libres.

Estructura	Integración	Flexibilidad
A	AB	B
DA		BC
D	CD	C

Las casillas A, DA, D representan cualidades estructuradas. Las casillas AB, CD representan cualidades de integración. Las casillas B, BC, C representan cualidades flexibles.

Integración de franjas y columnas

Funciones sensocognitivas

Las cualidades de franjas y columnas interactúan entre sí

para conformar las funciones sensocognitivas.

Las funciones del Sistema Sensocognitivo.

Las cualidades de las franjas y columnas en conjunto definen las funciones de cada casilla:

Casilla A, el pensamiento formal se traduce en racionalidad.

Casilla AB, el pensamiento integrador se traduce en conceptualización.

Casilla B, el pensamiento flexible se traduce en creatividad.

Casilla BC, la práctica flexible se traduce en transformación.

Casilla C, la interacción flexible se traduce en emotividad.

Casilla CD, la interacción integradora se traduce en relaciones socioambientales.

Casilla D, la interacción formal se traduce en normatividad.

Casilla DA, la práctica formal se traduce en productividad.

Funciones básicas y complejas

De acuerdo con el Modelo Kaansafi las funciones se clasifican en básicas y complejas.

Las funciones básicas corresponden a las casillas A, B, C, D. Se basan en capacidades físicas y mentales iniciales. Se ubican en las casillas de las esquinas del Modelo.

Las funciones complejas corresponden a las casillas AB, BC, CD, DA. Son construcciones, que se van desarrollando a lo largo de la vida y fortalecen las relaciones de la persona con el medio ambiente social y natural. Todas las funciones complejas son integradoras. Se ubican en las casillas intermedias del Modelo.

La relación entre las funciones básicas y las funciones complejas

Las habilidades básicas se relacionan por pares y alimentan el desarrollo de las funciones complejas, La unión de dos funciones básicas contiguas dan origen a una función compleja. De tal manera que:

A-Racionalidad y B-Creatividad integran AB-Conceptualización

B-Creatividad y C-Emotividad integran BC-Transformación

C-Emotividad y D-Normatividad integran Relación Socioambiental

D-Normatividad y A- Racionalidad integran DA-Productividad

Integración de franjas y columnas

El panorama completo de las cualidades de franjas y columnas nos permite una visión comprensiva.

A Pensamiento estructurado o formal Racionalidad Función básica	AB Pensamiento integrador CONCEPTUALIZACIÓN Función compleja	B Pensamiento flexible, espontáneo o libre Creatividad Función básica
DA Práctica estructurada o formal PRODUCTIVIDAD Función compleja		BC Práctica flexible, espontánea o libre TRANSFORMACIÓN Función compleja
D Interacción estructurada o formal Normatividad Función básica	CD Interacción integradora RELACIÓN SOCIOAMBIENTAL Función compleja	C Interacción flexible, espontánea o libre Emotividad Función básica

Relaciones multidireccionales

Todas las casillas están en relación entre sí. Esto indica que es un sistema multidireccional y que el cambio en uno de los elementos provoca cambio en todos los demás.

Relaciones angulares

Cada casilla en cada una de las esquinas comparte características funcionales con las casillas adyacentes.

DA-A-AB: Pensamiento y acción estructurados

AB-B-BC Pensamiento y acción flexibles

BC-C-CD Acciones y relaciones flexibles

CD-D-DA Acciones y relaciones estructuradas

Relaciones cruzadas básicas

Las casillas tienen interacción con otras casillas no adyacentes. Son funciones opuestas. Cuando se limitan mutuamente pueden crear dilemas. Cuando se enfrentan de forma reactiva pueden ser problemáticas. Cuando se complementan constructivamente dan equilibrio y fuerza a las funciones sensocognitivas.

A-C Razón-Emoción

B-D Creatividad-Norma

Relaciones entre las funciones complejas

Las funciones complejas se equilibran y se complementan entre sí tanto en relaciones cruzadas como en relaciones en rombo. Cuando hay un exceso en la aplicación de una es importante realizar actividades en cualquiera de las otras.

AB. Introspección   BC. Práctica flexible

CD. Interacción   DA. Práctica formal

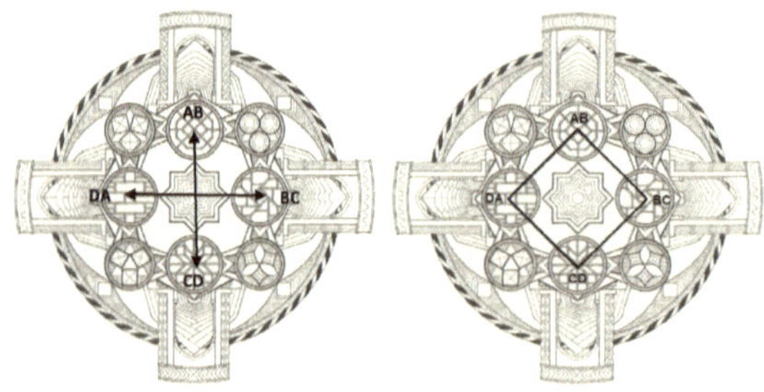

Relaciones cruzadas   Relaciones en rombo

Relaciones terciadas

Las relaciones terciadas fortalecen a las funciones debido a que permiten el equilibrio, el enriquecimiento y la complementariedad.

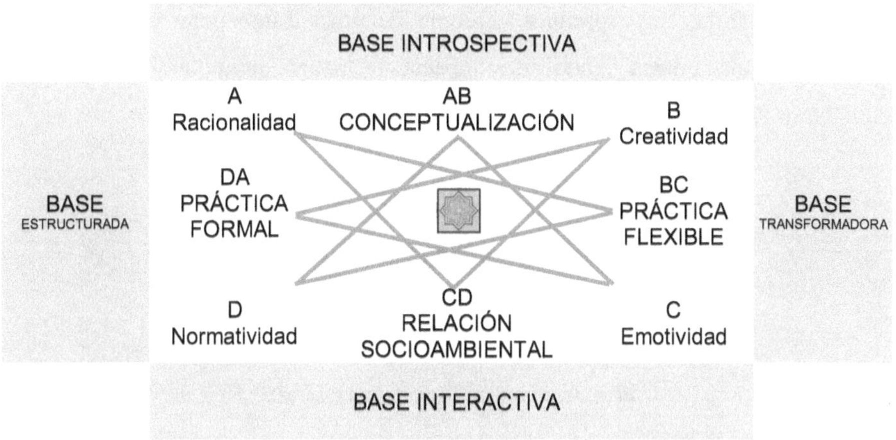

Relaciones terciadas
Fortalecimiento: equilibrio, enriquecimiento y complementariedad entre funciones

	FUNCIÓN INICIAL		Se fortalece con Dirección derecha Relación tipo terciada		y/o Dirección izquierda Relación tipo terciada
A	Racionalidad	BC	Práctica flexible	CD	interacción
AB	Conceptualización	C	Emotividad	D	Normatividad
B	Creatividad	CD	Interacción	DA	Práctica formal
BC	Práctica flexible	D	Normatividad	A	Racionalidad
C	Emotividad	DA	Práctica formal	AB	Conceptualización
CD	Interacción	A	Racionalidad	B	Creatividad
D	Normatividad	AB	Conceptualización	BC	Práctica flexible
DA	Práctica formal	B	Creatividad	C	Emotividad

EL PODER DE TRANSFORMACIÓN DE LA ENERGÍA COMUNICATIVA

En el Modelo Kaansafi se considera que todo proceso o fenómeno es energía comunicativa. En la Matriz Octogonal cada sistema - casilla codifica y decodifica la información de acuerdo a sus características, lo que promueve una coherencia interna en los procesos de percepción, identificación, interpretación, archivo, modificación, uso y emisión y en la generación de formas particulares de memoria y aprendizaje. Cada casilla es un sistema diferenciado que fortalece y reproduce su propia identidad al incorporar la información, de tal manera que una misma experiencia impacta de manera múltiple y genera diversos conocimientos al mismo tiempo.

Ante una misma comunicación (evento, experiencia):
el sistema racional construye pensamientos,
el sistema emocional construye emociones,
el sistema normo corporal construye respuestas físicas,
el sistema creativo construye ideas.

Estos sistemas que integran la información, de manera consciente y no consciente, tienen fundamentos biológicos, cognitivos y psicosociales.

"las funciones racionales, emocionales, normativas y creativas,
tanto conscientes como inconscientes,
tienen fundamentos biológicos, cognitivos y psicosociales"

CAPITULO 3

FUNDAMENTOS

NEUROPSICOEPISTÉMICOS

Fundamentos epistemológicos, neurobiológicos y psicosociales que sustentan la expresión y desarrollo de las funciones sensocognitivas. El avance y profundización que cada disciplina vaya alcanzando, a través del tiempo, podrá ser incorporado.

FUNDAMENTOS EPISTEMOLÓGICOS

"La información genera conocimiento,
el conocimiento fundamentado sabiduría"

Para estudiar los fundamentos del conocimiento y comprender los métodos de adquirirlo y organizarlo, en el Modelo Kaansafi se incorporan cuatro acercamientos.

Introspectivo. Empírico. Formal. Original.

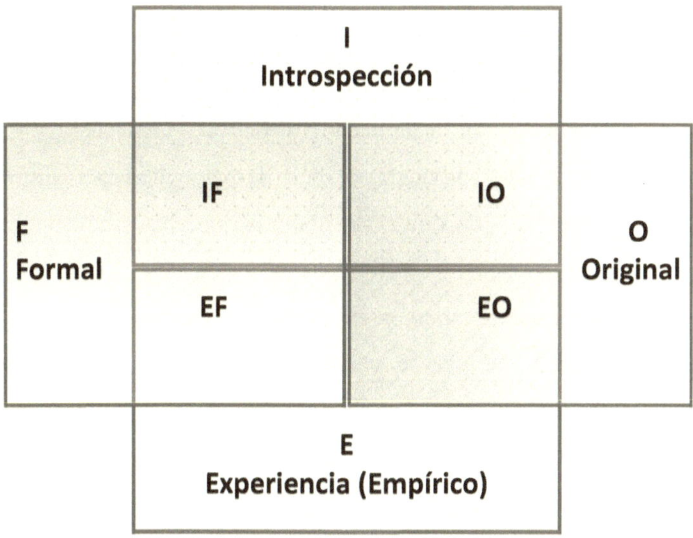

Estos cuatro acercamientos están interrelacionados y comparten aspectos prácticos y teóricos.

La introspección (I) es alimentada con conocimientos formales (F) y originales (O). Se equilibra con experiencia (E).

El conocimiento original (O) es alimentado con introspección (I) y experiencia (E). Se equilibran con práctica formal (F).

El conocimiento de la experiencia (empírico) (E) integra comportamientos formales (F) y originales (O). Se equilibra con introspección (I).

El conocimiento formal (F) se nutre de pensamiento introspectivo (I) y experiencias (E). Se equilibra con la flexibilidad que ofrece el conocimiento originales (O).

Franjas horizontales

Conocimiento introspectivo. Franja superior, corresponde con Saber Pensar. El conocimiento introspectivo tiene correspondencia con las funciones sensocognitivas de A razón, AB conceptualización y B creatividad. Este tipo de conocimientos son deductivos, abstractos, independientes al campo.

Conocimiento empírico. Franja inferior, corresponde con Saber Relacionarse. El conocimiento que deriva de la experiencia se relaciona con las funciones sensocognitivas de C emotividad, CD relación socioambiental y D normatividad. Los conocimientos relacionados con la experiencia son empírico inductivos, prácticos, concretos, de estilo cognitivo atento al campo.

La función relacionada con la actividad formal (cuadrante DA) y la función de transformación (cuadrante BC) participan tanto de conocimientos derivados de la experiencia directa como de conocimientos teóricos previos (introspección). Se les considera conocimientos mixtos.

El término conocimiento mixto o integrado, se refiere a que la cualidad está conformada por la unión y mezcla de características complementarias, por ejemplo, pensamiento divergente y convergente, pensamiento introspectivo y empírico, pensamiento estructurado y flexible, etc.

Columnas

Conocimiento formal. Columna izquierda, corresponde con Saber Hacer. Las funciones sensocognitvas ubicadas en la franja izquierda, es decir, A razón, DA actividad formal y D normatividad están relacionados con pensamiento, interacciones y actividades estructuradas. El conocimiento es convergente, rutinario y cotidiano.

Conocimiento original. Columna derecha, corresponde con Innovar. Las Casillas de la franja derecha: B creatividad, BC transformación y C emotividad, se relacionan con conocimientos originales y espontáneos: requieren de pensamiento creativo, relaciones espontáneas y acción transformadora. Es conocimiento divergente, nuevo y propositivo.

Las funciones AB conceptualización y CD relación socioambiental participan tanto del conocimiento formal como del original. Se les considera conocimientos mixtos.

Conocimiento fundamentado y conocimiento falso

Para quien estudia los orígenes del saber, aplicar estas cuatro aproximaciones de una manera científica, metódica y crítica permite construir conocimiento fundamentado. También debemos considerar que estas cuatro aproximaciones se realizan de una manera cotidiana y fundamentalmente no consciente en la mayoría de las personas en su proceso de entender e interpretar el mundo. La diferencia radica en la fundamentación, la conciencia y las aplicaciones. Todas las personas generan conocimientos, por ello hay conocimiento subjetivo y particular, así como conocimiento objetivo y universal. Hay conocimiento cierto y conocimiento falso. Este último muchas veces se genera por fantasías personales o se promueve intencionalmente para fortalecer intereses particulares donde la verdad de la información no es lo importante sino la verdad de la reacción La epistemología, la sociología y la psicología son herramientas para estudiar y entender estos procesos.

Fundamentos
Epistemológicos

Conocimientos de la introspección.
Pensamiento deductivo, abstracto.
Independiente al campo.
Teórico.

Saber Pensar

	A Razón	AB Conceptual	B Creatividad	

Saber Hacer

Conocimiento formal.

Pensamiento
estructurado,
ordenado, convergente.

Preestablecido y
predecible.

Es conocimiento
rutinario y cotidiano.

Realidad externa.

Objetivo.

A — Razón
Introspección
formal

AB — Conceptual
Introspección
integrada

B — Creatividad
Introspección
original

Saber Innovar

Conocimiento original.

Pensamiento flexible,
espontáneo,
divergente.

Libre e
inesperado.

Es conocimiento
nuevo y propositivo.

Realidad interna.

Subjetivo.

DA
Productividad

Práctica
formal

BC
Transformación

Práctica
original

D
Normatividad

Empírico
formal

CD
Relación
socioambiental

Empírico
integrado

C
Emotividad

Empírico
original

Saber Relacionarse

Conocimientos de la experiencia.
Pensamiento inductivo, concreto.
Atento al campo.
Práctico.

El Sistema Sensocognitivo tiene como base a las estructuras del cerebro, así como a la intermediación de hormonas y neurotransmisores que sostienen e impulsan sus funciones.

Las estructuras cerebrales consideradas en el Modelo Kaansafi son:

Hemisferio izquierdo relacionado con la casilla A.

Hemisferio derecho relacionado con la casilla B.

Sistema límbico relacionado con la casilla C.

Sistema reticular relacionado con la casilla D.

A partir de estas estructuras se establecen categorías de análisis a las que hemos llamado

Centro Integrador del Conocimiento

A cada casilla del Modelo Kaansafi se le identifica como un Centro Integrador del Conocimiento (CIC) que sustenta ciertas funciones cerebrales.

El papel regulador de las hormonas y neurotransmisores

Las funciones cerebrales están interrelacionadas profundamente con la actividad de las hormonas y de los neurotransmisores. La acción de hormonas y neurotransmisores regulan las funciones de racionalidad, normatividad, emotividad y creatividad. En el desarrollo y fortalecimiento de todas la funciones tanto básicas como complejas descritas en el Modelo Kaansafi, las hormonas y neurotransmisores juegan un papel fundamental. Son esenciales en el mantenimiento del equilibrio y regulación de funciones corporales, cognitivas y de relación con el medio, un exceso o falta de los mismos provocan problemas físicos, emocionales, intelectuales y psicosociales. Las hormonas y neurotransmisores afectan e inciden sobre las funciones del Modelo Kaansafi pues son las sustancias que regulan las relaciones entre los Sistemas Ontoepistémicos, entre los Centros de Integración de Conocimientos y entre la corteza cerebral y la materia blanca. En la vida cotidiana el estrés es uno de los factores de mayor importancia que afecta y desequilibra la producción y utilización de los neurotransmisores y hormonas.

El cerebro y las funciones Sensocognitivas

A

Racionalidad

Fundamento Neurobiológico. Las funciones del lóbulo frontal y la corteza prefrontal izquierdas, coinciden de manera más directa con el cuadrante A, es decir con la racionalidad. De acuerdo con las neurociencias las funciones relacionadas con la racionalidad y la lógica se ubican principalmente, aunque no exclusivamente, en el hemisferio izquierdo del cerebro. La corteza cerebral izquierda, se regula a sí misma y a las funciones voluntarias del cuerpo. La lógica es una función característica del hemisferio izquierdo y lleva al sentido de temporalidad, conocimiento de sí mismo, de los demás, del medio; promueve el pensamiento estructurado y la compresión coherente de las cosas.

Funciones Cerebrales Integradoras de la Racionalidad. Regulan las habilidades del pensamiento, estructuran las ideas, manejan el proceso de pensamiento, fortalecen la atención, memoria y habilidad espacial, el desempeño de las funciones ejecutivas. Sustentan la memoria, la atención, la percepción, la concentración, la respuesta al medio y el aprendizaje.

AB

Conceptualización.

Fundamento Neurobiológico. En el cuadrante CD está relacionado con la interacción entre ambos hemisferios cerebrales. La corteza cerebral es el órgano que se identifica con el desarrollo del pensamiento abstracto tanto racional como creativo.

Funciones Cerebrales Integradoras de la conceptualización. Tienen la capacidad de orientar las reacciones voluntarias. Están relacionadas con la consciencia, formas de pensar, planificación y cálculos, proyección a futuro, tomar decisiones, organizar la información, desarrollar y aprender lenguajes, aplicar la imaginación y la creatividad. Las funciones racionales y creativas dan sentido y significado a la vida social y emocional.

B

Creatividad

Fundamento Neurobiológico. El cuadrante B se refiere al pensamiento creativo. Por lo que esta casilla se relacionó con el hemisferio derecho por el predominio significativo de esta parte del cerebro con las funciones creativas. La creatividad involucra las circunvoluciones postcentral derecha, precentral derecha; los lóbulos frontales medios izquierdo y derecho; el lóbulo parietal inferior derecho, la zona parahipocámpica derecha, también interviene el sistema límbico a través del cual la creatividad se asocia a reacciones emocionales, motoras y viscerales.

Funciones Cerebrales Integradoras de la Creatividad. Estructuran la información de manera integral, rápida y provocan respuestas alternativas ante situaciones y estímulos provenientes del cuerpo y del entorno. Promueven las ideas para la solución de problemas y la curiosidad. En términos generales sus funciones están relacionadas con imaginación, cambio, adaptación, respuestas intuitivas rápidas.

BC

Práctica flexible

Fundamento Neurobiológico. El cuadrante BC se refiere a la interacción entre las funciones del hemisferio derecho y el sistema límbico.

Funciones Cerebrales Integradoras de la práctica innovadora. Se integran la intuición y las emociones de una manera rápida para crear respuestas espontáneas, de carácter defensivo, práctico, lúdico y recreativo, entre otras.

C

Emotividad

Fundamento Neurobiológico. El cuadrante C se refiere a las emociones. Estas funciones involucran fundamentalmente al sistema límbico, al diencéfalo (tálamo, hipotálamo, amígdala, circuito de Papez), así como al sistema nervioso periférico (autónomo y somático). Es un grupo de órganos que se encargan de generar e interpretar las emociones.

Funciones Cerebrales Integradoras de las emociones. Regulan el comportamiento social, la sensibilidad interpersonal, integración humana, en la formación de grupos, el sentido de pertenencia, los lazos de pareja, el comportamiento maternal y de protección. Generan los afectos, los estados de ánimo, sentimientos de placer, ternura, gozo, estabilidad y seguridad. También en la motivación y reacciones ante el aprendizaje, la memoria, la percepción y la sensación, todo ello influye en el comportamiento de adaptación, defensa, rechazo, aceptación e integración.

CD

Relación socioambiental

Fundamento Neurobiológico. El cuadrante CD se refiere a la integración de las funciones del sistema límbico y del sistema reticular.

Funciones Cerebrales Integradoras de las relaciones socioambientales. Se amalgaman normas, procedimientos y comportamiento ético con cuidados, empatía y entendimiento de las situaciones en las cuales se están desarrollando las actividades.

D

Normatividad

Fundamento Neurobiológico. El cuadrante D se refiere a la normatividad y motricidad. En este cuadrante se incorporaron funciones que involucran distintas partes del cerebro, principalmente al sistema reticular que integra información del cerebelo, tronco cerebral, también de los lóbulos parietal, temporal y occipital y del sistema nervioso periférico (autónomo y somático). El sistema reticular regula las funciones del cuerpo.

Funciones Cerebrales Integradoras de la normatividad. Regulan las funciones y comportamientos estructurados y secuenciales, que tienen expresión tanto psicosocial, cognitiva y corporal. En el aspecto biológico son tanto de carácter involuntario (autónomo) como voluntario. Regulan los ciclos y estándares como la vigilia y el sueño, el hambre, el instinto sexual, la frecuencia cardiaca y respiratoria, la temperatura y el dolor. En los aspectos músculo esqueléticos controlan la fortaleza, el equilibrio, coordinación, postura y memoria motriz, entre estos los movimientos finos y gruesos relacionados con actividades cotidianas como vestirse, comer, hacer deporte o tocar algún instrumento musical.

La normatividad consta de una base biológica y tiene correlatos y expresiones en el comportamiento psicosocial relacionado con el control, la coordinación, regulación y modificación de acciones y conductas para una adaptación más eficiente al medio ambiente social y natural. Un listado de analogías se exponen a continuación.

Analogías biológicas y psicosociales relacionadas con la normatividad

Resolución y determinación para lograr objetivos.
Voluntad para la continuidad de actividades.
Mantenimiento de Estructuras.
Distribución de recursos.
Nutrición.
Defensa y protección, autoconservación.
Territorialidad, cohesión o separación.
Velocidad de la acción.
Coordinación de movimientos y reacciones.
Hábitos, procedimientos.
Vigilancia, orden, equilibrio, reparación.

DA

Práctica formal

Fundamento Neurobiológico. El cuadrante DA se relaciona con la integración de las funciones del hemisferio izquierdo y el sistema reticular.

Funciones Cerebrales Integradoras de la práctica formal. Se desarrollan actividades de una manera sistemática, con conocimiento de las actividades y objetivos y con fines específicos. Es la práctica productiva, la construcción mantenimiento y desarrollo de ambientes concretos para la acción humana. El trabajo físico corporal y su proyección cotidiana y profesional.

El desarrollo psicosocial busca la integración de la persona para que logre crear espacios de vida de manera creativa y productiva en donde se desenvuelva con gusto, eficiencia y dignidad, además de desarrollar habilidades de respuesta ante los retos cotidianos. El logro de los espacios psicosociales tiene cuatro expresiones en el Modelo Kaansafi.

Espacio interior

Es el mundo de las ideas, de pensamientos, es el tiempo para reflexionar, planificar, dilucidar sobre los distintos aspectos de la vida. Para ello se necesita cierto aislamiento y dedicación centrada en el tema de reflexión. Incluye el intercambio filosófico, la orientación psicológica, educativa o espiritual en donde hay interacción intelectual con otras personas ya sea de manera directa o través de sus obras artísticas, científicas o filosóficas con el fin de profundizar en ideas, conocimientos, concepciones del mundo. El objetivo psicosocial es conocerse, conocer el medio y proyectarse al futuro. En el Modelo Kaansafi está relacionado con las casillas A, AB y B: razón, conceptualización y creatividad. La analogía simbólica del espacio interior la identificamos con la academia. Se relaciona con Saber Pensar.

Espacio privado

Es espacio privado implica la autoexpresión, la relación libre y espontánea con el mundo y las personas que nos rodean, es el mundo de las creaciones, de las propuestas, el de compartir ideas, juegos y emociones, el de inventar y crear el mundo cotidiano que se puede expresar en un detalle o una construcción trascendente. El objetivo psicosocial es gozar, expresarse y proponer. En el Modelo Kaansafi está relacionado con las casillas B, BC y C: creatividad, práctica flexible y emotividad. La analogía simbólica del espacio privado la identificamos con el hogar. Se relaciona con Saber Innovar.

Espacio social

Es el espacio de las interacciones con el medio que nos rodea. Este espacio tiene varias capas de profundidad la más externa es con personas con quienes interactuamos aún sin conocerlas como ocurre cuando salimos a la calle, utilizamos un transporte público, requerimos un servicio o acudimos a algún espacio comercial o recreativo. Otra capa son las actividades con los grupos a los que pertenecemos, los amigos, vecinos y colegas. La siguiente capa es con quien llevamos una relación más profunda y cercana como pueden ser la pareja, los hijos y personas significativas en nuestra vida. La capa más profunda es nuestra relación con nosotros mismos y las expresiones que esta pueda tener en el ámbito social. La participación puede ir desde al cumplimiento de un rol, las acciones de la vida cotidiana y hasta la promoción o impulso de grupos. Las actividades derivadas de estas acciones impactan a otras personas, al medio ambiente social y natural. Aquí se observa el trato que tenemos hacia nosotros mismos, hacia otras personas, otros seres vivos y el entorno; es la relación general y comportamiento con respecto al medio ambiente material, social y natural. El objetivo psicosocial es interactuar, pertenecer y participar, así como establecer las formas y profundidad en como esto se lleva a cabo. En el Modelo Kaansafi está relacionado con las casillas C, CD y D: emotividad, relación socioambiental y normatividad. La analogía simbólica del espacio social la identificamos con la aldea. Se relaciona con Saber Relacionarse

Espacio público

Es la proyección en la sociedad como elemento constructivo, productivo. Es el logro de un reconocimiento y prestigio. Una sensación de utilidad, orgullo y capacidad. Es la generación de recursos, saber administrarlos y orientarlos. Es construir estabilidad estructural y seguridad material. Es la generación de bienes, así como su distribución y disponibilidad. También incluye la prestación de servicios proporcionados con eficiencia, oportunidad y calidad. El objetivo psicosocial es construir el bienestar a través del mundo material, que son los espacios en los cuales se llevan a cabo las actividades y dan fortaleza, proyección y satisfacción a las personas a través del medio ambiente que comparten y de los bienes y servicios disponibles. La proyección de estas actividades se da a nivel personal, grupal y universal, ya sea como organización, país o humanidad. En el Modelo Kaansafi está relacionado con las casillas D, DA y A: normatividad, práctica formal y racionalidad. La analogía simbólica del espacio público la identificamos con el Estado. Se relaciona con Saber Hacer.

Objetivos del desarrollo psicosocial en relación con las funciones sensocognitivas

A Racionalidad. Sentido de realidad. Lo que sé y lo que conviene. Tener datos de sí mismo y del mundo circundante.

AB Conceptualización. Discernimiento. Lo que entiendo y como lo entiendo. Definir lo que es importante.

B. Creatividad. Tener interés. Lo que imagino, lo que anhelo. Tener ideales, experimentar y jugar.

BC. Práctica flexible. Auto expresión. Creaciones artísticas y tecnológicas. Acciones de mejoramiento en la vida cotidiana. Lo que aporto y cómo lo genero. Reinventar y mejorar el mundo, aportar, gozar de las expresiones tanto personales como las compartidas y las que manifiestan y aportan otras personas.

C. Emotividad. Motivación. Lo que siento, lo que me gusta. Crear vínculos profundos, nutritivos y cuidadosos. Construir confianza.

CD. Relación socioambiental. Interacciones. Con quien me relaciono y cómo me relaciono. Pertenecer, compartir, participar constructivamente con otros y el entorno social y natural.

D. Normatividad. Actitud. Lo que debe ser y debo hacer. Actuar con normas personales, responsabilidad y autonomía. Construirse un orden para la vida.

DA. Práctica formal. Eficiencia. Lo que hago y como lo hago. Generar bienes y servicios. Construirse una posición en el mundo, lograr reconocimiento y prestigio.

ASPECTOS PSICOSOCIALES DEL SER Y DEL CONOCER

CASILLA A
RAZÓN
LA INFORMACIÓN

Conocimientos y comunicación.
Datos, información, identidad
social. Descripciones del mundo
personal, cercano, cotidiano.
Perspectiva grupal y social,
selección de lo adecuado,
reflexión, conocimiento de las
cosas de un mundo más amplio.

CASILLA AB
CONCEPTUALIZACIÓN

Búsqueda de una visión de la
realidad, del significado, la
identidad, la ubicación del yo en
el mundo.
Filosofía, planeación,
comprensión, proyección,
definición de valores.

CASILLA B
CREATIVIDAD
LAS IDEAS

Expresión libre, juegos, fantasías,
diversiones, aventuras. La magia,
misterios. Esperanzas, deseos.
Ideales intelectuales. Valoración
de la autoexpresión. Visión auto
centrada. Creencias.
Expresión socializada, adaptación
y modificación del
comportamiento en respuesta a un
contexto, manejo de situaciones
para salir adelante.
Ideales morales y espirituales
compartidos.

CASILLA DA
PRÁCTICA FORMAL

Trabajo, necesidad material,
esfuerzo, recompensa, ganarse la
vida. Servicio.
Práctica social, identidad
productiva, profesión, un lugar en
la sociedad, posición social,
expresión de la auto
trascendencia, propósito,
prestigio.
La vivencia del poder.

CASILLA BC
PRÁCTICA FLEXIBLE

Impulsos internos de conexión
con el mundo. Enfrentamiento con
la realidad. Desprendimiento de
los apegos. Expresión emocional
y sensual.
Transformaciones, extinción e
inicio de las cosas.
Innovación, creatividad aplicada,
cortejo, relación con los hijos y
con la pareja a nivel expresivo y
creativo. Crecimiento y cambio.

CASILLA D
NORMATIVIDAD
EL ORDEN

La relación con el padre. Las
reglas. Desarrollo físico, roles.
Los apegos materiales.
Autocontrol. Restricciones,
posposiciones. Autosacrificio.
Compromisos. Ritos.
Obligaciones.
Construcción de una vida
material. Logro de una estética,
comportamiento moral, valores
aplicados, bienes, posesiones.
Enfermedad o salud física,
higiene, alimentación física.

CASILLA CD
RELACIÓN
SOCIOAMBIENTAL

El encuentro con el otro.
Experiencia social.
Amigos.
Interacciones.
El mundo ampliado,
Vida cotidiana.
Relación con el medio.
Relación de pareja a nivel social.
Incorporación a sociedades.
Afiliaciones.
Trato a los demás.

CASILLA C
EMOCIÓN
LOS AFECTOS

El origen, la familia, la relación
con la madre, el afecto, los
hermanos, familiares cercanos
emocionalmente, nutrición
emocional, pertenencia, intimidad,
cercanía, placer, sentimientos.
Lenguaje no verbal. Inclusión.
Los significados emocionales de
la tierra natal y la familia de
origen, se hacen conscientes y se
busca replicarlos, adaptados a
nuevos contextos para fortalecer
la vida social actual y crear
nuevos significados emocionales.

Correspondencia

En la conformación del ser y del conocer actúan de manera conjunta aspectos neurobiológicos, epistemológicos y psicosociales, existe una correspondencia entre ellos en la expresión de las distintas funciones sensocognitivas. A esto lo conocemos como desarrollo integrado.

Proceso evolutivo del desarrollo integrado

En la evolución del desarrollo integrado intervienen ciclos, grados, secuencias y niveles.

Ciclos

Diversos ciclos están presentes en el desarrollo humano y en el devenir de cada persona. Estos ciclos interactúan constantemente entre sí.

Ciclos vitales. Se refiere al ciclo de nacimiento, desarrollo, muerte; se repite en la humanidad cómo género.

Ciclos y ritmos biológicos. Tienen que ver con procesos presentes inherentes al organismo vivo, vigilia-sueño, satisfacción–hambre, entre otros, que conocemos como ciclos circadianos, que se repiten cada determinado tiempo.

Ciclos y etapas de desarrollo psicosocial. El transitar de la persona por la vida en sus diferentes etapas con sus alcances y limitaciones, logros y fracasos, amplitud y estrechez.

Grados

El grado es un estado específico en el cual se encuentra una característica o función. El desarrollo de algunas competencias y habilidades es gradual, es decir la profundización, madurez, fortaleza y alcance se va desarrollando con el tiempo con base en circunstancias o logros obtenidos con anterioridad. Cada persona desarrollará sus funciones dependiendo de su edad, capacidad y condiciones físicas, cognitivas y psicosociales. El grado de desarrollo podría no seguir un proceso lineal y en ocasiones y bajo determinadas circunstancias podría tener un avance importante, detenerse o se pueden perder funciones que ya se habían obtenido. Identificar el grado de una característica puede significar que observamos esa cualidad en un momento específico de un proceso, ya sea un ciclo, una secuencia o un nivel, y esa determinación del grado puede variar al cambiar las circunstancias y parámetros de medición.

Secuencias

El desarrollo tiene etapas secuenciales. Todas las funciones básicas están presentes desde el nacimiento, sin embargo cada una tiene un momento especial (etapa crítica) en el que se fortalece y profundiza. El proceso secuencial de las funciones sensocognitivas en el Modelo Kaansafi inicia con el desarrollo de las funciones básicas, continúa con funciones complejas hasta alcanzar las habilidades superiores expresadas en las Sabidurías. Los procesos del aprendizaje se desarrollan a lo largo de la vida y una vez establecidos continúan profundizándose, sin embargo esta posibilidad puede ser afectada en cualquier momento por factores multicausales de origen biológico, psicosocial o cultural.

Niveles

En el Modelo Kaansafi se identifican tres niveles en el desarrollo de las funciones sensocognitivas. Estos tres niveles son inicial, intermedio y avanzado. El alcance y profundidad alcanzada varía por factores biológicos, por experiencias psicosociales y por la dedicación consciente al propio desarrollo. Es posible que una misma persona tenga distintos niveles de desarrollo entre las funciones sensocognitivas. El conocimiento de las características de cada nivel y su expresión en las funciones permite enmarcar los aspectos que se pueden promover en cada época de la vida, comprender los alcances propios, identificar desfasamientos y diseñar planes de acción para atenderlos.

Niveles inicial, intermedio y avanzado. Los niveles inicial e intermedio corresponden a las funciones básicas y el nivel avanzado a las funciones complejas. Las funciones complejas tienen carácter integrador, de expansión y de fortalecimiento de las funciones básicas. Es crecer física, emocional y socialmente, es el proceso de incorporarse al mundo y al orden social. Se fortalece la actitud para atender retos y superar obstáculos. El tránsito a través de los niveles de desarrollo implica encontrar un papel que desempeñar, una manera de ser útil e integrarse a la sociedad a pesar de problemas y conflictos. Crecer se manifiesta en el fortalecimiento de habilidades para lograr acuerdos formales e informales, formar parte de algo mayor que el sí mismo. Buscar e incorporarse a las oportunidades. El desarrollo implica actuar según una visión significativa, tener una filosofía y con ello ser reflexivo, productivo, creativo, estar satisfecho.

Descripción de los niveles de desarrollo

"El desarrollo es una estrella que se expande"

Nivel 1. Inicial. Se muestra un comportamiento básico, autocentrado y se desarrollan actividades sencillas. El conocimiento es infantil, originario y sus referentes están fundamentados en el ambiente familiar, una característica importante es que predominan los planteamientos simples, muchas veces derivados de reunir elementos contrarios en donde normalmente solo existen dos opciones.

En este nivel comienza la incorporación de experiencias, se adquiere conocimiento nuevo para la persona. En términos generales es una etapa en la cual se recibe más información que la que se aporta.

Se logra identificar características, cualidades y componentes de cada cosa y reconocer los elementos que conforman el mundo y cómo afectan a la persona (favorablemente o desfavorablemente). Esto lleva a la construcción de una conciencia incipiente, a la diferenciación personal y a un inicio de la jerarquización y la ordenación. Como consecuencia de ello hay una respuesta que se orienta a hacer algo al respecto: acercarse, alejarse o mantenerse neutro ante los eventos de la realidad. Se refuerza o se debilita la participación personal. En general se desarrolla una actitud práctica, se hace uso de las cosas.

Nivel 2. Intermedio. Se caracteriza por la evolución social en donde se expanden la visión del mundo, las fuentes de referencia y el conocimiento; se realizan actividades más allá del ámbito familiar. En general corresponde con el pensamiento escolar. Implica un proceso de tránsito de lo infantil familiar a la incorporación, intercambio y participación en otros grupos sociales.

La información se contextualiza, se hace más compleja y se compara con otra; se maneja bien el conocimiento cotidiano; se aceptan, entienden y comparten conocimientos del entono social. Hay una participación en el intercambio de información, se aporta y se recibe.

Se profundiza el conocimiento del sí mismo, así como de otras personas y del mundo. Se realizan acciones prácticas personales o de participación social. Se desarrollan experiencias, habilidades y actitudes. Se comprenden con más detalle las características, funcionamiento y/o estructuras generales de procesos o situaciones. Se establecen prácticas, ideas y conocimientos que pueden permanecer el resto de la vida, sin incursionar en el siguiente nivel si no se realiza un trabajo personal de profundización.

Nivel 3. Avanzado. Se realizan actividades y pensamientos complejos. Se aportan elementos a la sociedad. Se considera pensamiento adulto, complejo y profesional. En este nivel de desarrollo se alcanza un sistema mental bien ordenado y suficientemente complejo que se convierte en un centro de producción de conocimiento significativo, que fortalece las interacciones, la comprensión y transformación de la realidad. Se puede llegar a ser promotor del entendimiento del pasado, el mejoramiento del presente y la construcción de futuros.

El nivel avanzado se caracteriza por la creación de conocimiento, pensamiento enriquecido y aportaciones novedosas. La conciencia experimenta una expansión, se logran variaciones enriquecedoras, lo que conduce a cambios en lo personal y lo social. En determinados aspectos se puede lograr un salto cualitativo en la transformación del ser y del conocer.

Este nivel se caracteriza porque se establecen habilidades para el análisis consciente y minucioso de aspectos de la vida y de los objetos de conocimiento. Se generan abstracciones, juegos, ensayos, variaciones y expansiones. La profundización en este nivel de desarrollo tiende a generar una nueva conciencia súbita y la aplicación e incorporación de logros y conocimientos novedosos a las prácticas, a la vida social y emocional. En estados más avanzados fortalece el proceso civilizatorio.

Inteligencia una expresión del desarrollo integrado

Los logros del ser y del conocer, que se desarrollan conjuntamente desde bases biológicas, psicosociales y cognitivas, se manifiestan en las expresiones de la inteligencia y en las competencias y habilidades alcanzadas.

La inteligencia es la habilidad y profundidad en cómo entendemos, nos involucramos y resolvemos los diversos aspectos de la vida. De acuerdo con el Modelo Kaansafi la inteligencia se expresa según las características funcionales de cada una de las funciones sensocognitivas. Además de las expresiones múltiples las inteligencias también están influidas por el proceso evolutivo que incluye secuencias, ciclos, grados, aspectos naturales, culturales y niveles.

Competencias y habilidades relacionadas con las expresiones de la inteligencia

Inteligencia racional: lógica científica, lógica físico matemática, información y datos objetivos.

Inteligencia conceptual: filosofía, política, prospectiva, planeación, definición.

Inteligencia creativa: intuición, curiosidad, pensamiento holístico.

Inteligencia transformadora: solución de problemas, optimización de procesos, mejoramiento continuo, actividades artísticas.

Inteligencia emocional: expresión libre y oportuna de las emociones. Cercanía, empatía, confianza y cuidados.

Inteligencia socio ambiental: interacciones con el medio ambiente personal, familiar, laboral, social y con la naturaleza.

Inteligencia normativa: actividades físicas y deportivas, administración, procedimientos, hábitos, definición de la moral personal.

Inteligencia práctica formal: actividad productiva, realizar procedimientos; utilizar herramientas y maquinaria adecuadamente; reconstruir, arreglar, organizar.

Lograr el desarrollo integrado

La máxima expresión de los conocimientos integrados para el desarrollo es la conformación de los ocho Mundos del Ser y del Conocer y de las cuatro Sabidurías.

CAPÍTULO 4

LAS SABIDURÍAS

Y

LOS MUNDOS

DEL SER Y DEL CONOCER

Cuando los componentes del Modelo son vistos de manera integral más allá de las descripciones funcionales particulares y se consideran expresiones vitales que impactan y definen la visión del mundo, las prácticas y los conocimientos, entonces requerimos nuevos términos conceptuales que respondan a estas características. Por ello las cuatro Puertas son Sabidurías y las ocho funciones sensocognitivas son los Mundos del Ser y del Conocer.

Cada Sabiduría es producto de la integración de los tres Mundos del Ser y del Conocer de cada uno de los lados de la Matriz Octogonal. De tal manera que Saber Pensar es la expresión del pensamiento integrado, estructurado y flexible. Saber Innovar incluye flexibilidad en el pensamiento, las actividades y las interacciones. Saber Relacionarse incorpora a las interacciones integradas, estructuradas y flexibles. Saber Hacer es resultado de la estructura en el pensamiento, las actividades y las interacciones.

SABER PENSAR
INTROSPECCIÓN

A	AB	B
Razón. Pensamiento Estructurado.	Conceptual. Pensamiento Integrado.	Creatividad. Pensamiento flexible.

SABER HACER ESTRUCTURA

DA		BC
Productividad. Práctica estructurada.		Transformación. Práctica Flexible.

SABER INNOVAR FLEXIBILIDAD

D	CD	C
Normatividad. Interacción estructurada.	Relación socioambiental. Interacción integrada.	Emotividad. Interacción flexible.

SABER RELACIONARSE
INTERACCIÓN

LAS SABIDURÍAS

Las cuatro Sabidurías del Modelo Kaansafi.

Saber Pensar

Saber Hacer

Saber Relacionarse

Saber Innovar

SABER PENSAR

"Tener conciencia"

A través de Saber Pensar se logra una identidad, claridad de pensamientos, caminos a seguir, filosofías y el por qué de las cosas.

Fundamentos

Dinámico-estructural: se integra con razonamiento, pensamiento conceptual y creatividad. Casillas A, AB, B.

Cognitivo: pensamiento integrado, estructurado y flexible.

Neurobiológico: ambos hemisferios.

Función cerebral: comprensión.

Logro psicosocial: tener un espacio interior.

Características

Predictivo. Introspectivo. Conceptual. Saber discernir.

Expresión personal: lograr una identidad, conocerse, conocer el medio, la realidad actual, fundamentar y definir los valores y las decisiones personales, proyectarse al futuro.

Aportación social: ideas y conceptos, orientación y entendimiento.

Práctica organizacional: dirección y planeación.

Participa con amigos, pareja, familia, escuela, grupos y organizaciones a través de la búsqueda intelectual, realiza proyecciones a futuro, define caminos, toma decisiones con base a ideales, diseña estrategias, busca la compresión profunda de los procesos. Explica, orienta, define, clarifica. Construye teorías y pensamiento abstracto.

SABER HACER

"Trabajar bien"

Con el Saber Hacer se desarrollan acciones personales y grupales que construyen la vida práctica, material y la producción de bienes y servicios profesionales y técnicos.

Fundamentos

Dinámico-estructural: se integra con normatividad, práctica formal, racionalidad. Casillas D, DA, A.

Cognitivo: estructura en el pensamiento, las actividades y las interacciones.

Neurobiológico: hemisferio izquierdo y sistema reticular.

Función cerebral: desempeño.

Logro psicosocial: tener un espacio público.

Características

Estructurado. Formal. Corpomotriz. Productivo. Eficiente.

Expresión personal: construir el mundo material.

Aportación social: producción de bienes y servicios, bienestar material.

Práctica organizacional: operación y producción, fortaleza y funcionalidad.

Participa con amigos, pareja, familia, escuela, grupos y organizaciones estructurando, manteniendo y cuidando los espacios físicos, los recursos y las acciones de la vida cotidiana, es metódico, predecible, lleva a cabo actividades ordenadas y habituales. Se orienta hacia la utilidad de las cosas, la armonía estética, la disciplina y el logro. Se esfuerza para lograr, fortalecer y mantener un lugar en el mundo productivo. Provee y crea las condiciones materiales para la vida cotidiana. Busca la funcionalidad y la eficiencia. Valora la salud, la belleza y la fortaleza física. Cuida su posición social y su prestigio.

SABER RELACIONARSE

"Convivir constructivamente"

Con el Saber Relacionarse se desarrollan formas de interactuar con sí mismo, con los demás y con el medio ambiente.

Fundamentos

Dinámico-estructural: se integra con emotividad, interacción socioambiental, normatividad. Casillas C, CD, D.

Cognitivo: interacciones integradas, estructuradas y flexibles.

Neurobiológico: sistema reticular y sistema límbico.

Función cerebral: sociabilidad.

Logro psicosocial: tener un espacio social.

Características

Interactivo. Experiencial. Sociable. Relacional. Socio ambiental.

Expresión personal: pertenecer y participar.

Aportación social: interacciones sociales y ambientales.

Relación con otros: participación en grupos.

Práctica organizacional: interacción, relaciones públicas, atención al personal, invitados y clientes.

Participa con amigos, pareja, familia, escuela, grupos y organizaciones fortaleciendo el ambiente de convivencia, las interacciones, la unión del grupo, el trabajo de equipo, el respeto y la valoración de personas, el medio ambiente y de los seres vivos en general. Busca el apoyo y la colaboración. Desarrolla habilidades de relaciones públicas, de protocolo y de anfitrión.

SABER INNOVAR

"Recrear el mundo"

Con el Saber Innovar se promueve el mejoramiento personal y de lo que existe, se hacen propuestas viables, aportaciones, creaciones.

Fundamentos

Dinámico-estructural: se integra con creatividad, prácticas artístico transformadoras, emotividad. Casillas B, BC, C.

Cognitivo: flexibilidad en el pensamiento, las actividades y las interacciones.

Neurobiológico: hemisferio derecho y sistema límbico.

Función cerebral: adaptabilidad.

Logro psicosocial: tener un espacio personal.

Características

Flexible. Propositivo. Adaptativo. Transformador. Autoexpresivo. Fundamentos

Expresión personal: gozar, expresarse.

Aportación social: transformaciones, mejoras y novedades, propuestas prácticas y artísticas.

Práctica organizacional: innovación y solución de problemas.

Participa con amigos, pareja, familia, escuela, grupos y organizaciones construyendo ambientes de desarrollo, convivencia, intercambio, solución de problemas, ambientes lúdicos y de aceptación de propuestas, expresiones e ideas. Genera acciones y soluciones prácticas. Creaciones y aportaciones cotidianas, expresiones artísticas. Crea confianza en la búsqueda de soluciones.

FUNDAMENTOS INTEGRADOS EN LAS SABIDURÍAS

SABER PENSAR
"TENER CONCIENCIA"

Dinámico-estructural
PENSAMIENTO
Epistemológico
INTROSPECCIÓN
Neurobiológico
COMPRENSIÓN
Psicosocial
ESPACIO INTERIOR

	A Razón	AB Conceptual	B Creatividad	
SABER HACER *"TRABAJAR BIEN"*	DA Práctica formal		BC Práctica flexible	**SABER INNOVAR** *"RECREAR EL MUNDO"*
	D Normatividad	CD Relación socioambiental	C Emotividad	

SABER HACER — *"TRABAJAR BIEN"*

Dinámico-estructural
ESTRUCTURA
Epistemológico
FORMALIDAD
Neurobiológico
DESEMPEÑO
Psicosocial
ESPACIO PÚBLICO

SABER INNOVAR — *"RECREAR EL MUNDO"*

Dinámico-estructural
FLEXIBILIDAD
Epistemológico
ORIGINALIDAD
Neurobiológico
ADAPTABILIDAD
Psicosocial
ESPACIO PRIVADO

SABER RELACIONARSE
"CONVIVIR CONSTRUCTIVAMENTE"

Dinámico-estructural
INTERACCIÓN
Epistemológico
CONOCIMIENTO DEL MEDIO
Neurobiológico
SOCIABILIDAD
Psicosocial
ESPACIO SOCIAL

LOS MUNDOS DEL SER Y DEL CONOCER
Y LAS HABILIDADES PERSONALES

Los ocho Mundos del Ser y del Conocer del Modelo Kaansafi están presentes en todo ser humano. Cada persona puede tener una predilección o tendencia dominante hacia cada uno de ellos.

DESCRIPCIÓN BREVE

INFORMADO

Casilla A

Característica: racionalidad.

Dinámica estructural: pensamiento estructurado.

Tipo de función: básica.

Objetivo: conocimiento de sí mismo y del mundo.

Logro: sentido de realidad.

Orientación: lo adecuado.

Fundamento de la función: comunicación, conocimiento, argumentación.

Proceso cognitivo: convergente, estructurado e independiente al campo, teórico deductivo, abstracto.

Base neurobiológica: hemisferio izquierdo.

Nivel de desarrollo psicosocial: básico e intermedio.

Inteligencia que privilegia: inteligencia racional.

Inteligencias que apoya: inteligencia conceptual e inteligencia práctica formal.

Sabiduría que sostiene: Saber Pensar y Saber Hacer.

DIRECTIVO

Casilla AB

Característica: conceptualización.

Dinámica estructural: pensamiento integrador.

Tipo de función: compleja.

Objetivo: definición de caminos y de valores personales.

Producción de teorías y filosofías de vida que definen los actos de las personas. Logro: discernimiento.

Orientación: la claridad.

Fundamentos de la función: habilidades para combinar ideas y conocimientos.

Proceso cognitivo: independiente al campo, abstracto, teórico deductivo. Elementos mixtos: estructurado y espontáneo, convergente y divergente.

Base neurobiológica: hemisferios izquierdo y derecho.

Nivel de desarrollo psicosocial: avanzado.

Inteligencia que privilegia: inteligencia conceptual.

Inteligencias que la sustentan: inteligencia racional e inteligencia creativa.

Sabiduría que sostiene: Saber Pensar.

EXPLORADOR

Casilla B

Característica: creatividad.

Dinámica estructural: pensamiento flexible.

Tipo de función: básica.

Objetivo: propuestas y opciones.

Logro: voluntad e interés.

Orientación: los anhelos.

Fundamentos de la función: curiosidad, significados de las cosas.

Proceso cognitivo: divergente, espontáneo e independiente al campo, teórico deductivo, abstracto.

Base neurobiológica: hemisferio derecho.

Nivel de desarrollo psicosocial: básico e intermedio. Inteligencia que privilegia: inteligencia creativa.

Inteligencias que apoya: inteligencia conceptual e inteligencia transformadora.

Sabidurías que sostiene: Saber Pensar y Saber Innovar

TRANSFORMADOR

Casilla BC

Característica: actividad libre.

Dinámica estructural: práctica flexible.

Tipo de función: compleja.

Objetivo: ambiente lúdico.

Logro: autoexpresión.

Orientación: el mejoramiento.

Fundamentos de la función: cambio y aportación.

Proceso cognitivo: divergente, espontáneo.

Elementos mixtos: independiente y atento al campo, deductivo - inductivo, concreto - abstracto.

Base neurobiológica: hemisferio derecho y sistema límbico.

Nivel de desarrollo psicosocial: avanzado.

Inteligencia que privilegia: inteligencia transformadora.

Inteligencias que la sustentan: inteligencia creativa e inteligencia emocional.

Sabiduría que sostiene: Saber Innovar.

SENTIMENTAL

Casilla C

Característica: emotividad.

Dinámica estructural: relaciones espontáneas.

Tipo de función: básica.

Objetivo: relaciones y ambientes nutritivos.

Logro: motivación.

Orientación: los gustos.

Fundamentos de la función: confianza y seguridad.

Proceso cognitivo: divergente, espontáneo y atento al campo, empírico inductivo, concreto.

Base neurobiológica: sistema límbico.

Nivel de desarrollo psicosocial: básico e intermedio.

Inteligencia que privilegia: inteligencia emocional.

Inteligencias que apoya: inteligencia transformadora e inteligencia relacional.

Sabiduría que sostiene: Saber Relacionarse y Saber Innovar.

INTERACTIVO

Casilla CD

Característica: relación socioambiental

Dinámica estructural: relaciones integradoras.

Tipo de función: compleja.

Objetivos: integración al mundo social y natural.

Logro: sociabilidad.

Orientación: pertenencia, afiliación.

Fundamentos de la función: relación con sí mismo, las personas y el medio circundante.

Proceso cognitivo: atento al campo, concreto, empírico inductivo.

Elementos mixtos: convergente y divergente, estructurado y flexible.

Base neurobiológica: sistema límbico y sistema reticular.

Nivel de desarrollo psicosocial: avanzado.

Inteligencia que privilegia: inteligencia relacional.

Inteligencias que la sustentan: inteligencia emocional e inteligencia normativa.

Sabiduría que sostiene: Saber Relacionarse.

ORDENADO

Casilla D

Característica: normatividad.

Dinámica estructural: relaciones estructuradas.

Tipo de función: básica.

Objetivos: vida ordenada, predecible, práctica de hábitos y procedimientos, autonomía.

Logro: actitud.

Orientación: el deber ser.

Fundamentos de la función: organización, responsabilidad y autonomía.

Proceso cognitivo: convergente, estructurado y atento al campo, concreto, empírico inductivo.

Base neurobiológica: sistema reticular.

Nivel de desarrollo psicosocial: básico e intermedio.

Inteligencia que privilegia: inteligencia normativa.

Inteligencias que apoya: inteligencia relacional: (socio ambiental) e inteligencia práctica formal.

Sabiduría que sostiene: Saber Hacer y Saber Relacionarse.

PRODUCTIVO

Casilla DA

Característica: actividad formal.

Dinámica estructural: acción estructurada.

Tipo de función: básica.

Objetivos: vida productiva, actividad profesional.

Logro: eficiencia.

Orientación: la realización.

Fundamentos de la función: la actividad profesional.

Proceso cognitivo: estructurado, convergente, elementos mixtos: atento e independiente al campo, abstracto, concreto.

Base neurobiológica: hemisferio izquierdo y sistema reticular.

Nivel de desarrollo psicosocial: avanzado.

Inteligencia que privilegia: inteligencia práctica formal.

Inteligencias que la sustentan: inteligencia racional e inteligencia normativa.

Sabiduría que sostiene: Saber Hacer

<table>
<tr><td>INFORMADO
LÓGICO RACIONAL
A</td><td>DIRECTIVO
CONCEPTUAL
AB</td><td>EXPLORADOR
CREATIVO
INTUITIVO
B</td></tr>
<tr><td>PRODUCTIVO
PRÁCTICO
FORMAL
DA</td><td></td><td>TRANSFORMADOR
PRÁCTICO
FLEXIBLE
BC</td></tr>
<tr><td>ORDENADO
NORMATIVO
CORPORAL
D</td><td>INTERACTIVO
RELACIÓN
SOCIOAMBIENTAL
CD</td><td>SENTIMENTAL
EMOTIVO
C</td></tr>
</table>

LOS MUNDOS DEL SER Y DEL CONOCER

Descripción amplia

A

EL MUNDO LÓGICO RACIONAL

Y

LA BÚSQUEDA DE INFORMACIÓN

OBJETIVO DEL SER Y DEL CONOCER

Tener sentido de realidad.

Tener información de ti y de tu mundo. Definir lo adecuado. Integrar la información al desarrollo personal. Tu identidad. Encontrar tu verdad.

DESCRIPCIÓN GENERAL

El mundo de la racionalidad se sustenta en un pensamiento secuencial bien ordenado, que utiliza datos fundados, comprobables, evidentes. Es un pensamiento descriptivo, ordenado y jerárquico. Ayuda a entender el mundo personal, el mundo circundante y a definir lo que es adecuado para cada situación. La persona que desarrolla el pensamiento racional logra construir un sentido de realidad y puede actuar en su mundo de una manera predecible y confiable.

HABILIDADES CARACTERÍSTICAS

COMUNICACIÓN. Se desarrolla un lenguaje estructurado, tanto escrito como hablado. Se organiza la información, se desarrollan competencias lingüísticas.

ORDENAMIENTO DE LA INFORMACIÓN. Obtener, seleccionar, jerarquizar y ordenar datos de la realidad. Recopilar, organizar, reproducir, describir, explicar y sistematizar la información.

PENSAMIENTO LÓGICO. Ordenar información de manera secuencial, coherente. Razonar, analizar, evaluar. Utilizar datos fundamentados. Pensamiento con método, sistemático, estructurar ideas.

CONSCIENCIA. Discernimiento de la realidad, saber ubicar la información en su contexto. Utilizar la información más adecuada para la situación, tener conocimiento de sí mismo y del medio, aplicar códigos culturales apropiadamente y entender las consecuencias de las decisiones.

DISPONIBILIDAD DE INFORMACIÓN. Tener memoria, concentración, desarrollar aprendizaje, atención focalizada, introspección Pensamiento estructurado, cuantitativo, objetivo. Delimitar la información, utilizar datos duros. Describir hechos. Estar informado de los temas.

DESCRIPCIÓN SEGÚN LOS ELEMENTOS DEL MODELO KAANSAFI

Ubicación en el Modelo Kaansafi: casilla A.

Relación dinámico-estructural: pensamiento estructurado.

Base cerebral: hemisferio izquierdo.

Sistema Ontogénico Sensocognitivo: sensibilidad, percepción y conocimiento.

DESARROLLO

Inicia desde el nacimiento, aumenta a partir de los 14 años, la madurez se alcanza a partir los 25 años.

Nivel 1. Inicial. Infantil familiar.

Los conocimientos se refieren principalmente al entorno y a la experiencia propia y familiar. Son descripciones del mundo cercano y cotidiano. Permite construir la identidad personal y social.

Nivel 2. Intermedio. Evolución social.

Los conocimientos tienen una perspectiva grupal, social e histórica. Se selecciona lo adecuado de acuerdo con la circunstancia, se consideran varios datos de diversos orígenes, el conocimiento se refiere a un mundo más amplio que el personal o familiar. Se fortalece la identidad personal interna y con relación al mundo social.

PENSAMIENTO, CONOCIMIENTO E INTELIGENCIA

Tipo de pensamiento: convergente, estructurado e independiente al campo, teórico deductivo, abstracto.

Tipo de conocimiento: pensamiento estructurado, introspectivo, formal.

Inteligencia que privilegia. Inteligencia racional: lógica científica, lógica físico matemática, información y datos objetivos.

Inteligencias que apoya. Inteligencia conceptual: filosofía, política, prospectiva, planeación, definición. Inteligencia práctica formal: actividad, productiva, realizar procedimientos, utilizar herramientas, maquinaria adecuadamente, reconstruir, arreglar, organizar.

Sabidurías que sostiene: Saber Pensar y Saber Hacer.

EXPRESIONES PSICOSOCIALES

Valor principal: la verdad.

Motivación: lo que sabe y lo que conviene.

Logros: lógica y destreza mental.

Fracasos: incoherencia, confusión y torpeza.

Objetivo de la comunicación: comprensible, ordenada, coherente.

Reacción de otras personas: interés por la información, la descripción y la actualización. En ámbitos académicos e informativos es bien recibido, en la vida cotidiana genera aceptación cuando las explicaciones son breves y oportunas.

Actividad física: tiende a no valorar las actividades físicas, se ejercita poco.

Actitud psicológica: tiene un componente adulto. Busca lo más adecuado, es crítico con las expresiones rígidas de autoridad o con expresiones infantiles percibidas como irracionales.

Relación con el entorno: orientación a ordenar, clasificar y agrupar lógicamente las cosas.

Relación humana y expresión de emociones: suele ser de buen gusto, amistoso, diplomático, amable, considerado, refinado, delicado, cortés, civilizado. Busca ser igualitario, tolerante, parejo, sereno, compartido. Valora la armonía, el equilibrio, lo justo. Es negociador, adaptable, suave, pacifico. No convencional.

Actitud ante el amor: en el amor y en la relación de pareja se siente atraído si se desarrollan juegos mentales, se estimula por medio de la mente y de historias, es estimulado por lo verbal, mental o visual. Es el amor narrado. Le gusta encontrar conocimientos nuevos. Es más intelectual que emocional, es desapasionado, desapegado, se resiste a ataduras emocionales, racionaliza los sentimientos. Se siente más a gusto con la amistad que con el amor.

INTEGRACIÓN ORGANIZACIONAL

Relaciones humanas

Liderazgo: intelectual, informativo.

Actividades con los otros: observar, clasificar, explicar, informar, corregir datos, dar información.

Toma de decisiones: con base a la lógica.

Integración a equipos: orientación al trabajo individual.

Actitud ante el conflicto: dar explicaciones lógicas, tendencia a alejarse de los conflictos emocionales y aquellos que no puedan ser solucionados con la razón.

Productividad

Reconocimiento que busca: por lo que sabe.

Tipo de actividad: pensamiento estructurado.

Fundamento de la actividad: información, manejo de datos, actualización.

Producto obtenido: conocimientos teóricos, organización y comunicación de la información.

FUNCIÓN QUE LO EQUILIBRA

La racionalidad se equilibra con interacciones y acciones espontáneas.

Lo que conviene fortalecer: el manejo y expresión de las emociones, los contactos personales. Requiere ejercitarse, desarrollar fortaleza física.

RETOS

Falla en las habilidades racionales: la inadecuada construcción de la racionalidad, como función básica, tanto en estructura como en profundidad, afecta la Introspección y la práctica formal lo que deriva a su vez en un pensamiento con lineamientos poco claros y una actividad profesional que tiende a errores por la falta de lógica e información. Esto deriva en un comportamiento poco realista e impreciso. La afectación de la racionalidad puede derivar en incoherencia verbal.

PRINCIPALES RIESGOS

Por exceso

En explicaciones prolongadas se puede provocar cansancio, saturación mental, aburrimiento. Darle más peso a los datos que a la gente. Manipular a las personas con el objetivo de obtener información. Buscar exceso de detalles, desesperación ante la falta de claridad. Más interés por los detalles que por la experiencia. Tiende a manipular datos.

Por déficit

Evitar la comunicación, aislarse en su propio mundo. Lejanía, frialdad, trato cruel a otros por falta de empatía, debilidad física por falta de ejercicio. Evitar emociones. No alcanzar a comprender la realidad. Superficialidad en el aprendizaje y en la información de la realidad. Falta de comprensión de sí mismo, de los demás y del entorno. Tomar decisiones alejadas de la realidad, inconsciencia, insensatez.

Por ambivalencia

Un problema importante es que puede desarrollarse una actitud, consciente o inconsciente, que manipula o inventa datos, un afán intencional de propagar mentiras, ocultar información y desvirtuar hechos, lo que provoca la promoción deliberada de la ignorancia y la confusión. Se aprovecha de la ignorancia de los demás y en ocasiones la promueve. En sentido opuesto cuando la racionalidad no está desarrollada la persona puede tomar como cierta información sin sustento, aceptarla y no realizar ninguna indagatoria.

AB

EL MUNDO CONCEPTUAL

Y

LA DEFINICIÓN DE CAMINOS

OBJETIVO DEL SER Y DEL CONOCER

Discernimiento. Definir lo que es importante, tener un camino a seguir, darle sentido a la vida.

DESCRIPCIÓN GENERAL

Se usan conocimientos lógicos, comprobables, basados en datos de la realidad ya establecidos y aceptados por el medio social, los cuales se combinan con ideas, simbolismos y proyecciones. Esto permite tener una gran capacidad de generación de conceptos elaborados y profundos. Las habilidades también implican una capacidad de tomar datos generales que se aplican a situaciones particulares, hechos y retos de la vida. Utiliza la habilidad del discernimiento.

El pensamiento conceptual permite la claridad, promueve la introspección, la reflexión personal. Es la construcción de pensamientos o imágenes que se desarrollan de una manera coherente y congruente, es la interpretación y sistematización de las experiencias que se traducen en comprensión. Es el ordenamiento racional y simbólico de la realidad. Los conceptos pueden tener alcances personales, grupales o sociales. Es pensamiento abstracto, teórico deductivo e implica capacidad de análisis y síntesis. La Introspección requiere de una elaborada interrelación entre la información y la imaginación. La Introspección construye dirección, secuencia y da velocidad al pensamiento significativo. Estas habilidades se expresan a través de conceptos matemáticos, científicos, filosóficos, ciencias abstractas pero también en la claridad de la identidad personal, los valores, las creencias, en los planes de desarrollo de las organizaciones y en el liderazgo político.

HABILIDADES CARACTERÍSTICAS

COMUNICACIÓN. Argumentación. Hacer planteamientos discursivos. Defender las propias concepciones. Desarrollar signos, mapas, sistemas, lenguajes, formas y medios de transmisión, almacenamiento y gestión de información. Manejar la traducción de un sistema de signos a otro. Correlacionar significados. Explicar.

PRINCIPIOS Y VALORES. La Introspección permite construir puntos de vista significativos. Desarrollar una filosofía y determinar las bases morales y éticas de la propia vida, definir lo que es realmente importante para la persona, el grupo y la sociedad.

CRITERIOS. El pensamiento conceptual relaciona las partes con el todo, construye conocimiento teórico. Desarrollar criterios implica que la persona comprende, define e interpreta de alguna manera la realidad y la estructura del mundo. Busca expandir la mente y experiencias que amplíen los conocimientos. Desarrolla el pensamiento crítico, identifica y separa mitos de realidades tanto personales como sociales, se manifiesta y expresa su postura en relación con el estado de las cosas, las leyes y prácticas que rigen las relaciones sociales e interpersonales.

DIRECCIÓN Y VISIÓN DE FUTURO. Planeación estratégica. Proyecciones. Visión de futuro. Rumbo y dirección.

TOMA DE DECISIONES. La Introspección permite tomar decisiones a partir del discernimiento, de evaluar datos y hacer proyecciones, utilizando valores, objetivos y estrategias.

DESCRIPCIÓN SEGÚN LOS ELEMENTOS DEL MODELO KAANSAFI

Ubicación en el Modelo Kaansafi: casilla AB.

Relación dinámico-estructural: pensamiento integrador.

Base cerebral: hemisferio derecho e izquierdo.

Sistema Ontogénico Sensocognitivo: sensibilidad, percepción y conocimiento.

DESARROLLO

Alcanza su máxima expresión en la adultez.

Nivel 3. Avanzado.

Introspección. Discernimiento.

Se describe una visión de la realidad, del significado, la identidad, la ubicación del yo en el mundo. Se expresa una filosofía de la vida, definiciones, planeación de las actividades, proyecciones a futuro. Comprensión de diversos procesos. Se manejan conceptos abstractos.

PENSAMIENTO, CONOCIMIENTO E INTELIGENCIA

Tipo de pensamiento. Independiente al campo. Abstracto, teórico deductivo. Habilidades para combinar el pensamiento estructurado y espontáneo, convergente y divergente.

Tipo de conocimiento. Pensamiento integrador. Introspectivo. Mixto: formal – novedoso. Mixto: analítico – sintético.

Inteligencia que privilegia. Inteligencia conceptual: filosofía, política, prospectiva, planeación, teorías.

Inteligencias que apoya. Inteligencia racional: lógica científica, lógica físico matemática, información y datos objetivos. Inteligencia creativa: intuición, curiosidad, pensamiento holístico.

Sabiduría que sostiene: Saber Pensar.

EXPRESIONES PSICOSOCIALES

Valor principal: lo que tiene sentido.

Motivación: lo que define.

Logros: pertinencia, identidad e iniciativa.

Fracasos: incongruencia, confusión, estancamiento.

Objetivo de la comunicación: explicación del mundo.

Reacción de otras personas: atraídos por las explicaciones, confianza en lo señalado.

Actividad física: poca atracción hacia la actividad física, se orienta a la creación de teorías. Se ejercita poco.

Actitud psicológica: comprensión del mundo.

Relación con el entorno: explicación profunda de las cosas, de la vida cotidiana, motivan más los significados que las personas, compartir ideales y conocimientos.

Relación humana y expresión de emociones: busca connotaciones profundas, espirituales y la trascendencia de las acciones, las relaciones y las interacciones.

Actitud ante el amor: mezcla lo adecuado con la satisfacción de anhelos. Busca elevarse en el conocimiento y comprensión de los significados del amor. Expresa el amor de manera abstracta.

INTEGRACIÓN ORGANIZACIONAL

Relaciones humanas

Liderazgo: criterio, información actualizada.

Actividades con los otros: de carácter intelectual, intercambio de conceptos, desapego emocional.

Toma de decisiones: lo que clarifique el pensamiento, lo que cause una mejor comprensión.

Integración a equipos: clasificar y ampliar el entendimiento, asesoría, dirección, explicación.

Actitud ante el conflicto: señala y recuerda los principios y caminos a seguir.

Productividad

Reconocimiento que busca: por clarificar caminos, proyecciones a futuro, comprensión de las cosas, por su aporte de cómo se relacionan los hechos y el papel que tienen las personas en ello.

Tipo de actividad: asesoría, dirección, orientación, planeación.

Fundamento de la actividad: definición de valores, proyecciones, identidad, conceptos del mundo.

Producto obtenido: teorías, filosofías, planes de desarrollo, identidades.

FUNCIÓN QUE LO EQUILIBRA

La Introspección se equilibra con base interactiva.

Lo que conviene fortalecer: actividades prácticas, expresión emocional, interactuar, realizar actividades físicas.

RETOS

Falla en las habilidades conceptuales: cuando hay problemas en este aspecto es de entenderse que se deriva de un desarrollo pobre o inadecuado de la racionalidad y de la creatividad. Esto implica un proceso de confusión y de propuestas no pertinentes, Fallas importante en la interpretación de la realidad personal y toma de decisiones que pueden afectar la salud y la vida de la persona. La falla en la Introspección afecta la sabiduría del Saber Pensar, lo que implica que los planteamientos y teorías de la persona pueden ser totalmente desordenados y fuera de realidad.

RIESGOS PRINCIPALES

Por exceso

Conceptos rígidos, falta de flexibilidad, fundamentos fuera de contexto, alejamiento de la vida cotidiana. Debilidad por falta de actividad física. Alejamiento emocional y social.

Por déficit

Propuestas difíciles de entender o aplicar. Pobre interpretación de la realidad. Sin definiciones sobre sí mismo y su entorno, falta de aprendizaje, dificultades para relacionar ideas, rechazo a actualización de conocimientos, rigidez conceptual. Sin criterios realistas.

Por ambivalencia

Seguir mitos, creencias y planteamientos que rayan más en la imaginería que en los hechos. Dificultad para discernir realidad de fantasía. Confusión. Mezclar verdades con información falsa, mitos o fantasías. Desarrollar el pensamiento circular, es decir, tomar como válida una idea y desarrollarla sin detenerse a verificarla. Distorsionar y ajustar hechos, evidencias y datos para ajustarlos a sus mitos y creencias.

B
EL MUNDO CREATIVO INTUITIVO
Y
LOS MUNDOS ALTERNATIVOS

OBJETIVO DEL SER Y DEL CONOCER

Tener interés que motive a la búsqueda y al aprendizaje. Tener anhelos. Tener ideales, gozar y experimentar el mundo.

DESCRIPCIÓN GENERAL

La creatividad es la búsqueda, el anhelo, la curiosidad y el contacto con lo nuevo. Requiere de libertad, espontaneidad y libertad de pensamiento. Es Imaginación y propuesta. Saber reunir partes dispersas en una propuesta significativa. El pensamiento creativo es variado y flexible. Las expresiones creativas son principalmente cualitativas y pueden ser ilimitadas. La creatividad busca significados e interpretaciones de las cosas del mundo. Se basa en expresiones subjetivas. Rompe limitaciones autoimpuestas, crea metáforas que permitan entender la vida de otra manera, provoca la expresión liberadora y la generación de ideas con proyección a futuro. Hay un anhelo profundo por indagar y aprender.

HABILIDADES CARACTERÍSTICAS

COMUNICACIÓN. Manejo de signos y símbolos, identificación de significados. Encontrar sentido. Hacerse figuraciones, plantearse hipótesis. Generar pensamiento poético, fantasioso, interpretativo.

PROPOSITIVO. Tener Ideas, anhelos, intuiciones. Desarrollar opiniones. Actitud propositiva, buscar soluciones. Construcción de nuevas realidades. Creación de cosas nuevas.

IMAGINATIVO. Generar planteamientos de orden cualitativo, analógico, metafórico, fluido, original. Promover ilusiones, fantasías. Imaginación. Acceso a otras realidades. Transitar por crisis y buscar el renacimiento. Percepción mística de la verdad.

FLEXIBLE. Transformación de la conciencia y del ser. Liberación del exceso de estructuración. Ampliación de límites, cambio, adaptación, rupturas.

LÚDICO. Tener capacidad de juego. Ideales. Sorpresas. Artes, manejo de colores y formas.

INTEGRADOR. Holístico, síntesis, estructura la información de manera integral, elaboración rápida, identificación de problemas, predicción de soluciones. Comprensión intuitiva y respuestas rápidas.

EXPLORADOR. Desarrollar la curiosidad, capacidad de aprender cosas nuevas. Explorar las cosas del mundo Hacerse preguntas y provocar respuestas alternativas ante situaciones y estímulos provenientes de diversos ámbitos.

DESCRIPCIÓN SEGÚN LOS ELEMENTOS DEL MODELO KAANSAFI

Ubicación en el Modelo Kaansafi: casilla B.

Relación dinámico-estructural: pensamiento flexible.

Base cerebral: hemisferio derecho.

Sistema Ontogénico Sensocognitivo: sensibilidad, percepción y conocimiento.

DESARROLLO

Se desarrolla desde el nacimiento. Se fortalece a los 2 años. Madura a partir de los 7 años.

Nivel 1. Inicial. Infantil familiar. Autoexpresión libre, creaciones, juegos. Curiosidad. Proyección personal. Interpreta. Se adapta. Responde a situaciones diversas. Expone ideas personales. Genera mitos y creencias.

Nivel 2. Intermedio. Evolución social. Fomenta cambios. Expresión socializada, adaptación y modificación del comportamiento en respuesta a un contexto, manejo de situaciones para salir adelante. Ideales morales y espirituales compartidos.

PENSAMIENTO, CONOCIMIENTO E INTELIGENCIA

Tipo de pensamiento. Divergente, espontáneo e independiente al campo, teórico deductivo, abstracto.

Tipo de conocimiento. Pensamiento flexible. Introspectivo. Conocimiento nuevo.

Inteligencia que privilegia. Inteligencia creativa: intuición, curiosidad, pensamiento holístico.

Inteligencias que apoya. Inteligencia conceptual: filosofía, política, prospectiva, planeación, definición. Inteligencia artística innovadora: solución de problemas, optimización de procesos, mejoramiento continuo, actividades artísticas.

Sabidurías que sostiene: Saber Pensar y Saber Innovar.

EXPRESIONES PSICOSOCIALES

Valor principal: interés por aprender.

Motivación: lo que imagina, lo que anhela.

Logros: pertinencia, intuición, pensamiento integrador.

Fracasos: incongruencia, confusión, estancamiento.

Objetivo de la comunicación: generar ideas e intuiciones, crear interés, experimentar con formas, signos, colores y texturas.

Reacción de otras personas: atracción, sorpresa, diversión, interés.

Actividad física: explorar, indagar, curiosear.

Motivación psicológica: pensamiento y expresión libre.

Motivación práctica: explorar, jugar.

Relación con el entorno: a través del juego, interpretaciones místicas.

Relación humana y expresión de emociones: excepcional, excéntrico, atemporal.

Actitud ante el amor: busca novedades, cuestiona normas, rechaza límites. Crea expectativas, estimula las ideas, los espacios las sensaciones. Es Idealista, recurre a creencias, busca el trasfondo espiritual y filosófico del amor. A veces impredecible.

INTEGRACIÓN ORGANIZACIONAL

Relaciones humanas

Liderazgo: propositivo, ampliar la visión, romper límites mentales.

Actividades con los otros: jugar, interactuar a partir de opiniones, ideas.

Toma de decisiones: búsqueda de alternativas.

Integración a equipos: dar ideas, proponer soluciones, identificar alternativas.

Actitud ante el conflicto: generar posibles soluciones, buscar salida de las crisis.

Productividad

Reconocimiento que busca: por sus logros y propuestas de la imaginación.

Tipo de actividad: pensamiento flexible.

Fundamento de su actividad: generación de ideas, intuición.

Producto obtenido: ideas y propuestas nuevas, solución de situaciones.

FUNCIÓN QUE LO EQUILIBRA

La creatividad se equilibra con interacciones y acciones estructuradas.

Lo que conviene fortalecer: normatividad, procedimientos, acciones concretas, relaciones personales y sociales estructuradas.

RETOS

Falla en las habilidades creativas: un inadecuado desarrollo de la creatividad afecta la Introspección así como las habilidades de transformación, el mejoramiento de la vida cotidiana, la libre expresión, la adaptabilidad, la capacidad de innovación y transformación constructiva.

RIESGOS PRINCIPALES

Por exceso

Perderse en actividades interminables sin sentido, buscar sus propios objetivos alejados de los demás, interpretaciones fantasiosas de la realidad, justificación espiritual de sus ideas. Idealizaciones extremas, autocentrarse, no tomar en cuenta a los demás. Puede haber un excesivo uso de recursos de la fantasía hasta llegar a la incoherencia e incongruencia.

Por déficit

Implica debilidad en las habilidades de identidad personal, de proyección a futuro y de toma de decisiones. Estancamiento, falta de ideas, de curiosidad, poca capacidad de adaptarse e integrarse, poca iniciativa, poca expresividad, dificultad para generar acciones espontáneas. Evitar las interacciones en ambientes agradables y lúdicos.

Por ambivalencia

Generar muchas ideas pero sin iniciativa. Falta de confianza en sí mismo para resolver problemas y triunfar ante adversidades. Poco interés por el aprendizaje. El uso excesivo del pensamiento circular, es decir darle vuelta a una idea sin bases reales, sin fundamento comprobable y con distorsiones de la realidad. Proponer y prometer sin cumplir, no consolidar los compromisos, falta de responsabilidad. Ser impredecible.

EL MUNDO DE LA TRANSFORMACIÓN

Y

LA ACTIVIDAD ARTÍSTICA INNOVADORA

OBJETIVO DEL SER Y DEL CONOCER

Autoexpresión. Gozar el mundo. Reinventar y mejorar el mundo, compartir el gozo y los juegos. Aportar algo nuevo, transformar.

DESCRIPCIÓN GENERAL

El mundo de la transformación se basa en actividades prácticas que integran las ideas con las emociones. Son expresiones que fluyen hacia la creación de ambientes significativos, es lograr el bienestar y mejorar la vida cotidiana y productiva. Desarrollar e incorporar innovaciones. Es jugar y gozar.

Son actividades que llevan a incorporar aspectos nuevos a la vida de la persona, realizar mejoramiento de lo que existe, crear, diseñar, concebir y aplicar propuestas. Relacionarse libremente con otras personas, a través de adaptarse, integrarse y construir vínculos de manera creativa.

El mundo de la transformación incluye la procreación y la crianza de los hijos, acciones con motivación significativa y la forma de compartir en los ambientes de convivencia más cercanos.

Es la actividad de expresión artística, innovadora y de transformación. Requiere de la interacción del concepto con la acción, de la imaginación con la emoción, el anhelo con el gusto, la idea con la sensación.

El liderazgo transformador es reconocido por la capacidad de solucionar problemas, generar, mejorar y gozar espacios, acciones, productos, relaciones y expresiones.

HABILIDADES CARACTERÍSTICAS

COMUNICACIÓN. Expresiones para interactuar, crear ambientes significativos, alcanzar el bienestar y mejorar la vida cotidiana y productiva.

CONSTRUCTIVO. Desarrollar e incorporar innovaciones. Indagar y aprender. Realizar creaciones artísticas. Actividades que llevan a incorporar aspectos nuevos a la vida de la persona, realizar mejoramiento de lo que existe, crear, diseñar, concebir y aplicar propuestas. Relacionarse libremente con las personas, a través de adaptarse, integrarse e incluirse. Establecer una motivación significativa en los ambientes de convivencia más cercanos.

INNOVADOR. La habilidad transformadora consiste en crear nuevos productos, interacciones o actitudes ya sean de carácter útil, recreativo, artístico o simbólico. Requiere creatividad y motivación emocional. La innovación es una fuente de mejoramiento de productos artísticos, bienes, servicios o procedimientos que se aplican en la práctica formal y la vida social. También, es fundamental para el mejoramiento y gozo de la vida personal y con los otros y para el desarrollo emocional y expresivo.

DESCRIPCIÓN SEGÚN LOS ELEMENTOS DEL MODELO KAANSAFI

Ubicación en el Modelo Kaansafi: casilla BC.

Relación dinámico-estructural: producción espontánea.

Base cerebral: sistema límbico.

Hemisferio cerebral predominantemente: derecho.

Sistemas ontogénicos del Modelo Kaansafi

Sistema Sensocognitivo, sensibilidad, percepción y conocimiento.

Sistema de Intercambio entre el medio interno y el medio externo.

DESARROLLO

Desde el nacimiento. Madura en la adultez.

Nivel 3. Avanzado

Integración creativa superior. Mejoramiento continuo. Expresividad en el cortejo, con la pareja, los hijos, en la vida íntima, convivencia, arte. Adaptabilidad. Integración libre. Impulsos internos de conexión con el mundo. Enfrentamiento creativo con la realidad, adaptación, integración, búsqueda de soluciones. Desprendimiento de los apegos. Logro de transformaciones. Actitud para pasar de un ciclo a otro, terminar facetas de la vida y pasar a otras, inicio y desarrollo de proyectos. Crecimiento y cambio.

PENSAMIENTO, CONOCIMIENTO E INTELIGENCIA

Tipo de pensamiento. Divergente, espontáneo. Aspectos mixtos: independiente y atento al campo, deductivo - inductivo, concreto - abstracto.

Tipo de conocimiento. Conocimiento nuevo. Mixto introspectivo y social.

Inteligencia que privilegia. Inteligencia artística innovadora: solución de problemas, optimización de procesos, mejoramiento continuo, actividades artísticas.

Inteligencias que apoya. Inteligencia creativa: intuición, curiosidad, pensamiento holístico.

Inteligencia emocional: expresión libre y oportuna de las emociones.

Sabiduría que sostiene: Saber Innovar.

EXPRESIONES PSICOSOCIALES

Valor principal: provocar el cambio.

Motivación: lo que construye, cómo lo construye.

Logros: cambio, innovación, generatividad, expresión artística.

Fracasos: estancamiento, miedo al cambio, esterilidad, falta de creaciones.

Objetivo de la comunicación: transformar, provocar, encontrar soluciones.

Reacción de otras personas: admiración, atracción.

Actividad física: actividades que se enfoquen a la creación y la transformación.

Actitud psicológica: crear manifestaciones y espacios de expresión y de gozo.

Relación con el entorno: canalizar la energía creativa. Resolver situaciones que problematizan.

Relación humana y expresión de emociones: libre, propositivo, acepta las emociones y las canaliza. Motivación significativa, cortejo.

Actitud ante el amor: mezcla el cariño y los cuidados con la exploración de lo novedoso, también se expresa como cariño idealizado y romántico. Busca sorprender y provocar reacciones fantasiosas y emocionales.

INTEGRACIÓN ORGANIZACIONAL

Relaciones humanas

Liderazgo: innovaciones, aplicación práctica de la creatividad.

Actividades con los otros: buscar experiencias para el cambio.

Toma de decisiones: lo que ayuda a mejorar, lo que expresa algo nuevo.

Integración a equipos: intercambio, flexibilidad, espontaneidad.

Actitud ante el conflicto: buscar soluciones.

Productividad

Reconocimiento que busca: por sus aportaciones y soluciones.

Tipo de actividad: producción espontánea.

Fundamento de su actividad: transformación, renovación.

Producto obtenido: mejoramiento de lo existente, productos creativos y artísticos.

FUNCIÓN QUE LO EQUILIBRA

La innovación se equilibra con base en acciones estructuradas.

Lo que conviene fortalecer: práctica formal. Información, normas, procedimientos, compromisos.

RETOS

Falla en las habilidades de transformación: dificultades para lograr el bienestar y mejorar la vida cotidiana y productiva. Afecta la expresión libre e intencionada para la creación de respuestas a los retos de la vida cotidiana, la capacidad de adaptación, la respuesta ente situaciones inesperadas y el mejoramiento de situaciones o cosas. Se deriva de fallas en las funciones de creatividad y emotividad, afecta el Saber Innovar.

RIESGOS PRINCIPALES

Por exceso

Las actividades, los compromisos y las relaciones interpersonales pueden verse debilitadas por una sobrevaloración de las emociones, del juego y de la fantasía. Tiende a generar conflictos con personas o ambientes racionales, normativos o administrativos.

Por déficit

Se presenta falta de acción o proacción ante situaciones que requieren de intervención creativa o propositiva. Alejamiento de la diversión y del juego, falta de alegría.

Estancamiento, falta de iniciativa, inmovilidad ante las circunstancias. A falta de planteamientos propios puede aferrarse a ideas externas, e imponerlas, fundamentalismo. No logra valorar las actitudes propositivas y transformadoras. No se desarrolla la capacidad de transformación, adaptación y respuesta a diversos ambientes, frena la iniciativa. Esto se observa en las relaciones interpersonales, en el manejo de conflictos y en la integración.

Por ambivalencia

Hay una tendencia contradictoria en la que al mismo tiempo que busca la comprensión y la empatía también se manifiesta una actitud egocéntrica, incapaz de entender necesidades de otros, lo que puede romper con relaciones o actividades presentes por seguir ilusiones. Existe una actitud que puede ser tanto consciente como inconsciente de manifestar que las ideas expresadas son propias siendo que fueron tomadas de otras personas o fuentes.

C

EL MUNDO EMOCIONAL

Y

LOS ORÍGENES

OBJETIVO DEL SER Y DEL CONOCER

Motivación. Expresión de emociones y sentimientos. Crear lazos personales profundos, sentir amor, cuidar a otros, construir confianza, sentirse en casa.

DESCRIPCIÓN GENERAL

Conocimientos, significados y acciones en el mundo emocional y sentimental relacionado con las personas y las relaciones personales. La forma como se expresa la convivencia cercana, con los hermanos y los amigos. Es el significado de la madre, la femineidad y la maternidad. Simboliza el hogar tanto en el pasado como en la vida actual y cómo el pasado afecta el presente. Es la forma como se interiorizó la tierra natal, la niñez, la herencia y actitudes de los padres. Son las pautas mentales de la infancia, las formas de llevar a cabo la diversión y los juegos, el manejo de conflictos. El desarrollo emocional se expresa en el sentido de pertenencia, en la intimidad, en las formas de expresar cercanía, placer, sentimientos y sensibilidad hacia los otros. Define los aspectos por los cuales la persona siente identidad como miembro de un grupo. Es la expresión de la nutrición emocional, cómo busca ser nutrido y cómo nutre en las relaciones personales.

HABILIDADES CARACTERÍSTICAS

COMUNICACIÓN. Expresión de emociones y sentimientos, de gustos y disgustos. Expresiones para motivar y acercarse a los demás. Lenguaje no verbal.

RELACIONES PERSONALES. Crear lazos afectivos, proporcionar estabilidad y actuar buscando el equilibrio, la sociabilidad y la seguridad emocional. Regular las emociones y el estado de ánimo. Manejar adecuadamente los conflictos.

SENSIBILIDAD. Sensibilidad interpersonal, participación en el mundo emocional y sentimental. Promover la protección y la nutrición emocional en el cuidado de los hijos, en los vínculos de pareja, el amor tierno y con personas significativas. Vivencia de los juegos y la diversión, la sensación de bienestar. El sentido de pertenencia.

GUSTOS. La emotividad implica el identificar y expresar gusto o disgusto, la cercanía con los otros, la empatía, el contacto. Se basa en la construcción, uso y desarrollo de las emociones, la confianza y la motivación.

EMPATÍA. Entender las emociones y motivaciones de los otros. Expresión e interpretación del lenguaje no verbal. Crea sentido de pertenencia unidad que se construye desde dentro. Busca la relación libre y voluntaria. Promueve la unión no coercitiva. Querer a los demás por lo que son.

CUIDADOS. Se adquiere fortaleza emocional sobre la cual se construye la personalidad del ser. Se da y recibe protección, es la búsqueda del bienestar y la nutrición física y emocional. La persona que ha construido bien estas características se siente nutrido, protegido, apoyado, muestra confianza en sí mismo. Da y siente amor, desarrolla la sensación de haber sido amado. Se relaciona con los demás de manera constructiva. A su vez cuida y nutre. Tiene capacidad de espera, paciencia, actitud de aprendizaje. Se desenvuelve bajo un sentido pertenecer al mundo, de disfrutar de los seres queridos, de llevar la vida junto a un ser amado. Muestra generosidad, calidez, afecto, don de gentes.

PERTENENCIA. Dar Apoyo a otros. Integración al mundo. Cuidar, seguir el sentido del bienestar. Fusión por afinidades y gustos. Impulso a ser miembro del mundo y de la vida social. Expansión personal. Crecimiento psicológico. Buscar el aprendizaje. Motivación para la acción. Promover la pertenencia. Incorporación a través de la sociabilidad. Unión espontánea. Control de expresiones emocionales.

DESCRIPCIÓN SEGÚN LOS ELEMENTOS DEL MODELO KAANSAFI

Ubicación en el Modelo Kaansafi: casilla C.

Relación dinámico-estructural: interacción espontánea.

Base cerebral: sistema límbico.

Sistemas ontogénicos del Modelo Kaansafi

Sistema Sensocognitivo: sensibilidad, percepción y conocimiento.

Sistema de Intercambio entre el medio interno y el medio externo.

DESARROLLO

Desde el nacimiento. Madura en la adultez.

Nivel 1. Inicial. Infantil familiar.

Se expresan las emociones de acuerdo con patrones de la casa materna y de los ambientes infantiles. Los sentimientos tienen un gran componente familiar básico. La relación con los demás refleja a la familia, la relación con la madre, la relación con los hermanos, el hogar familiar y la tierra natal. Existe un anhelo por regresar a la vida familiar original e infantil, expresado aún por la persona adulta. En este nivel la persona espera recibir de los otros, se adapta a los demás. Su origen familiar en su referencia para la acción.

Nivel 2. Intermedio. Evolución social. Integración al mundo social.

Se establece una integración a ámbitos sociales distintos a la familia de origen como la escuela, los amigos, grupos y espacios laborales. Se establecen relaciones de pareja y cuidado de los hijos. Los significados emocionales de la tierra, de la casa natal y de la familia de origen, se hacen conscientes, se seleccionan y se busca replicarlos, adaptados a nuevos contextos para fortalecer la vida social actual y crear nuevos significados emocionales. Se construyen nuevas familias y grupos a los que se pertenece.

PENSAMIENTO, CONOCIMIENTO E INTELIGENCIA

Tipo de pensamiento. Divergente, espontáneo y atento al campo, empírico inductivo, concreto.

Tipo de conocimiento. Conocimiento nuevo. Social.

Inteligencia que privilegia. Inteligencia emocional: expresión libre y oportuna de las emociones.

Inteligencias que apoya. Inteligencia artística innovadora: solución de problemas, optimización de procesos, mejoramiento continuo, actividades artísticas. Inteligencia interactiva: (socio ambiental) incluye: interacciones humanas, interacción con el medio ambiente y con la naturaleza.

Sabidurías que sostiene: Saber Relacionarse y Saber Innovar.

EXPRESIONES PSICOSOCIALES

Valor principal: el hogar, la nutrición.

Motivación: lo que siente, lo que le gusta.

Logros: confianza, integración e iniciativa.

Fracasos: desconfianza, aislamiento y estancamiento miedo, sensación de abandono.

Objetivo de la comunicación: la comunicación emocional, el lenguaje no verbal.

Reacción de otras personas: cercanía, bienestar, pertenencia, si no se manejan bien las emociones rechazo, abandono.

Actividad física: actúa para promover la cercanía emocional, para realizar actividades de nutrición y cuidados.

Actitud psicológica: nutrición emocional, alimentos, ropa, hogar, arraigo, refugio, raíces comunes, apoyo emocional.

Relación con el entorno: libre expresión de emociones, empatía.

Relación humana y expresión de emociones: busca lo que es importante para relacionarse, para conectarse emocionalmente con los otros.

Actitud ante el amor: Busca la cercanía y el entendimiento profundo y sensible, los cuidados y el amor permanente, es tierno y delicado.

INTEGRACIÓN ORGANIZACIONAL

Relaciones humanas

Liderazgo: apoyo, confianza, motivación.

Actividades con los otros: interacción, identidad emocional, apoyo, nutrición.

Toma de decisiones: a partir de la confianza.

Integración a equipos: emocional, empatía.

Actitud ante el conflicto: intervención.

Productividad

Reconocimiento que busca: aceptación, incorporación.

Tipo de actividad: interacciones espontáneas.

Fundamento de la actividad: expresión personal, sentido de bienestar, gusto.

Producto obtenido: relaciones humanas, clima organizacional, integración de equipos.

FUNCIÓN QUE LO EQUILIBRA

Las emociones se equilibran con prácticas formales y pensamiento estructurado.

Lo que conviene fortalecer: actividades prácticas formales, análisis de situaciones, desarrollo de conceptos.

RETOS

Falla en las habilidades emocionales: afecta las relaciones interpersonales, los estados de ánimo, no se desarrolla la fortaleza emocional y no hay respuesta y participación adecuada a las circunstancias y al contexto. Emociones fuera de lugar. Generación de conflictos, explosiones emocionales destructivas.

RIESGOS PRINCIPALES

Por exceso

Hablar y actuar sin pensar, caos emocional, expresiones fuera de contexto, conflictos. Emociones manipuladoras. Dar en demasía, olvidarse de sí mismo. Expresión emocional sin distinciones, mecánica, incapacidad de identificar si es apropiado o no, si es digno o no.

Por déficit

Puede haber dificultades para la intimidad y el compromiso debido a no alcanzar a construir una individualidad. Sin embargo puede haber rechazo a la soledad. Por buscar la aceptación corre el riesgo de traicionarse a sí mismo, sacrificar las propias necesidades, gustos, ideales. Esto se remonta a un déficit desde la niñez en la construcción y en la definición del auténtico y propio ser. La no autoafirmación y la pérdida de vista de quién se es y qué se quiere. Es un conflicto contra sí mismo.

Por ambivalencia

Sentimiento de no pertenecer a este mundo. Encerrarse en un mundo emocional muy estrecho, anclarse en el pasado. No incorporarse al mundo y vivir en el pasado, sobrevalorar el ambiente infantil, el hogar materno, la familia, el lugar natal, esto puede llevar a actitudes tanto de querer vivir en el pasado, negar la validez de las relaciones actuales o por el contrario querer borrar el pasado de una manera tajante.

CD

EL MUNDO DE LAS RELACIONES SOCIOAMBIENTALES

OBJETIVO DEL SER Y DEL CONOCER

Sociabilidad. Interacción y participación. Compartir y transitar por el mundo social y natural. Integración social con la pareja, los hijos, los amigos, los grupos y la sociedad.

DESCRIPCIÓN GENERAL

Este grupo de habilidades se refieren a las interacciones entre las personas y a las interacciones de las personas con el medio ambiente social y natural. Es una interacción más social, más práctica, orientada a roles y menos íntima que la que se desarrolla en la casilla BC de transformación. El sustento se da a partir de una interrelación entre emociones, acciones, ética personal y normas sociales. Requiere de cuerpo, normas y emociones. Es pensamiento práctico inductivo, la inferencia es parte de las habilidades de interacción. Las habilidades sociales incluyen solución de conflictos humanos, comprensión de los otros, creación de grupalidad, inclusión a la vida social. Saber relacionarse implica un liderazgo social oportuno, significativo, es la construcción del sentido de pertenencia. La integración interpersonal se facilita con argumentaciones persuasivas, basadas en la ética, las sensaciones físicas y las emociones. Saber relacionarse requiere sustento emocional, ético y físico. Incorporación de la persona en la sociedad, establecimiento de relaciones constructivas y significativas con personas, animales, plantas, medio ambiente. Identifica y decide incorporarse a ciertos grupos, desarrolla acciones y actitudes compatibles con ellos. Respeta diferentes roles sociales como por ejemplo ciudadano, participación en espacios y eventos públicos, así como su rol laboral, de pareja o padre de familia. Manejo adecuado de conflictos. La sociabilidad genera experiencia de vida que alimentar con datos de la realidad a la racionalidad.

HABILIDADES CARACTERÍSTICAS

COMUNICACIÓN. Busca un lenguaje común compartido que promueva la identidad del grupo y la participación. El lenguaje se expresa de acuerdo con los grupos a los que se pertenece y la cercanía a ello puede ser un lenguaje grupal o de cumplimiento de roles.

INTEGRACIÓN. Identidad de la persona en la sociedad, tipo de relaciones que establece con personas, animales, plantas. Acciones y actitudes como ciudadano, como miembro de los grupos a los que pertenece.

COMPORTAMIENTO. Expresa el comportamiento de la persona en distintos ambientes de relación y cómo llevan a cabo los diferentes roles sociales. También se expresa en las normas y actitudes en la relación de pareja.

PARTICIPACIÓN. Construcción de relaciones significativas. Manejo de conflictos. Comunicación interpersonal con alto contenido no verbal, atención, conocimiento del otro, conocimiento de sí. Participación. Integración, organización y desarrollo de grupos. Relaciones públicas. Atención y actitud de servicio.

DESCRIPCIÓN SEGÚN LOS ELEMENTOS DEL MODELO KAANSAFI

Ubicación en el Modelo Kaansafi: casilla CD.

Relación dinámico-estructural: relación integradora.

Base cerebral: sistema reticular y sistema límbico.

Sistemas ontogénicos del Modelo Kaansafi

Sistema Sensocognitivo: sensibilidad, percepción y conocimiento.

Sistema de Intercambio entre el medio interno y el medio externo.

Sistema Corpomotriz: movimiento, postura, fuerza y orden.

DESARROLLO

Desde el nacimiento. Madura en la adultez.

Nivel 3. Avanzado.

Interacción, vida cotidiana, relación con otros y con el medio.

Integración a grupos, participación, relaciones personales y sociales, pertenencia, interés por personas, ambiente natural, animales y sociedad. Negociación, conciliación.

Se cumple con el rol en función del bien común.

Asertividad. Resiliencia. Concepto y vivencia del Nosotros. Colaboramos, construimos, dialogamos, interactuamos. Buscamos relaciones consensuadas. Crecimiento.

El encuentro con el otro. Afiliación y participación social en el mundo. Interacciones. Sociedades. El mundo ampliado, interacción, vida cotidiana, relación con otros y con el medio. Amigos. Relación de pareja a nivel social. Trato a los demás.

PENSAMIENTO, CONOCIMIENTO E INTELIGENCIA

Tipo de pensamiento. Atento al campo, concreto, empírico inductivo.

Tipo de conocimiento. Mixto: Convergente y divergente, estructurado y flexible.

Inteligencia que privilegia. Inteligencia interactiva: (socio ambiental) incluye: interacciones humanas, interacción con el medio ambiente y con la naturaleza.

Inteligencias que apoya. Inteligencia emocional: expresión libre y oportuna de las emociones. Inteligencia normativa: actividades físicas y deportivas, administración, procedimientos, hábitos, definición de la ética personal.

Sabiduría que sostiene: Saber Relacionarse.

EXPRESIONES PSICOSOCIALES

Valor principal: integración y participación.

Motivación: relación con los otros y el medio social, con los animales y la naturaleza.

Logros: participación, relaciones constructivas.

Fracasos: aislamiento, relaciones conflictivas soledad, disolución de grupos.

Objetivo de la comunicación: compartir principios, valores y emociones.

Reacción de otras personas: se afilia, participa, atrae a otras personas.

Actividad física: es dinámico, las actividades la orienta a fortalecer al grupo y a crear ambientes de participación y bienestar

Actitud psicológica: pertenencia y bienestar emocional, por lo que tiene componente parental y de niño.

Relación con el entorno: crear ambientes de convivencia.

Relación humana y expresión de emociones: se incorpora, atiende, promueve, ayuda, se interesa, crea vínculos, desarrolla relaciones interpersonales y públicas.

Actitud ante el amor: es una relación que sabe incorporar las expresiones físicas, perceptivas y sensuales con la protección, el cuidado y los sentimientos. Busca la fusión del nosotros.

INTEGRACIÓN ORGANIZACIONAL

Relaciones humanas

Liderazgo: Integración y desarrollo de grupos, relaciones públicas, atención y servicio.

Actividades con los otros: participación.

Toma de decisiones: en función de los intereses del grupo.

Integración a equipos: se integra y busca incorporarse a equipos en donde hay colaboración, apoyo y comunicación, atención a los demás.

Actitud ante el conflicto: negociación, es intermediario, participa.

Productividad

Reconocimiento que busca: ser parte de algún o algunos grupos.

Tipo de actividad: relación integradora.

Fundamento de su actividad: vida social, relaciones interpersonales, vida cotidiana, amistad.

Producto obtenido: participación, grupos funcionales, pertenencia.

FUNCIÓN QUE LO EQUILIBRA

La interacción se equilibra con base conceptual.

Lo que conviene fortalecer: información, reflexión, creatividad.

RETOS

Falla en las habilidades de interacción social y ambiental. Implica una inadecuada inserción en el ambiente social, aislamiento, confrontación, maltrato a sus semejantes, a los animales, al medio ambiente. Se deriva de fallas en la normatividad y en la emotividad. Afecta la sabiduría del Saber Relacionarse. Se observa en las relaciones de pareja, en la interacción con los demás, en la definición, claridad, jerarquía y definición de ambientes y personas más cercanas y más lejanas y acciones consecuentes.

RIESGOS PRINCIPALES

Por exceso

Enajenarse, olvidarse de sí mismo, volcarse hacia los demás. Homogenizar, no considerar situaciones individuales, castigar con la expulsión o aislamiento.

Por déficit

Aislamiento, falta de interacción, rehuir cualquier afiliación a cualquier grupo. Soledad, sentir que no se puede confiar en nadie. No atender ni relacionarse con otros. Negligencia.

Por ambivalencia

Buscar participar en las relaciones sociales sin considerar un buen manejo de las emociones y la aplicación adecuada de normas, reglas y hábitos. Romper compromisos acordados.

D

EL MUNDO NORMATIVO CORPORAL

Y

EL FUNCIONAMIENTO DE LA VIDA

OBJETIVO DEL SER Y DEL CONOCER

Actitud mostrada en diversas situaciones. Tener prácticas ordenadas. Mantener el orden vital. Construir el espacio material. Actuar conforme a una moral personal. Disciplina, compromiso, seguridad y autonomía. Valorar y cuidar el cuerpo, la salud, la higiene y la alimentación. Practicar hábitos y procedimientos.

DESCRIPCIÓN GENERAL

Es la percepción de sí mismo, de los otros, del mundo y las valoraciones, reacciones y la aplicación del deber ser y las decisiones. Se observa en la actividad física, la nutrición y el comportamiento sexual. Es en forma general el comportamiento práctico y corporal en la vida cotidiana. La normatividad depende de la salud física y motora, de la estructura de comportamiento personal en el logro de la autonomía psicosocial y la moral personal. Tiene que ver con la organización de la vida material, la relación con el mundo físico, la vivencia de la autoridad y el poder. Busca lograr un sentido estético. Las características psíquicas y conductuales se orientan al control, la coordinación, regulación y modificación de acciones, a aplicar conductas para una adaptación más eficiente al medio.

HABILIDADES CARACTERÍSTICAS

COMUNICACIÓN. Tiende a ser un lenguaje indicativo o coercitivo.

HÁBITOS Y PROCEDIMIENTOS. Se refiere a como la persona estructura sus acciones y lleva la secuencia constructiva de las cosas. Valora las tradiciones, costumbres, prácticas rituales. Busca demostrar y comprobar.

ACTIVIDAD FÍSICA. Desarrollo motor fino y grueso. El sentido práctico de la vida. Tiene que ver con la fortaleza y la actividad física. Vigor, ánimo, vitalidad, voluntad. Es el querer hacer y la energía que se ejerce e impacta su entorno. Es la expresión de lo visible y lo material. El aspecto físico. Fuerza física. Actividad sexual.

SENSORIAL PERCEPTIVO. Es perceptivo al entorno, a la estructura de las cosas, evalúa según sus percepciones y las relaciona con un deber ser.

VOLUNTAD Y DETERMINACIÓN. Muestra resolución y determinación para lograr objetivos, dar continuidad a las actividades, llevar a cabo las responsabilidades, los compromisos y las decisiones prácticas.

AUTORIDAD Y PODER. Se centra en la aplicación de normas, procedimientos, estructuras y secuencias que influyen en la toma de decisiones. Interioriza el concepto del padre, su participación como proveedor material, de seguridad, de guía y de justicia. Es jerárquico. Trata de imponer en el mundo su idea de las cosas. Representa la masculinidad. Capacidad social y económica.

SENTIDO ESTÉTICO. Busca el sentido estético, pues la estética es una norma, una estructura, una secuencia. En el aspecto corporal busca el desempeño adecuado de las funciones orgánicas, tener un porte que llame la atención, volverse el centro de referencia para otras personas.

ORIENTADO A LOGROS. Actúa para la sobrevivencia y la autoafirmación, busca el propio desarrollo, perfeccionarse fortalecerse en el sentido de querer hacer. Ejerce acción e impacta su entorno con energía. Defiende y protege lo que le es valioso. Es cuidadoso y esforzado.

ACTITUD. Demuestra vitalidad, incansable, trabaja con ánimo. Se orienta a generar un impacto. Puede ejercer un liderazgo y volverse el centro de referencia para otras personas, impulsa a otros. Alto sentido de sí mismo.

EFICIENCIA. Es acción, actividad, movimientos voluntarios, energía física. Resolución y determinación para lograr objetivos. Voluntad de ejecución y continuidad. Organizar tareas, coordinar actividades, controlar y/o modificar conductas. Aplicar normas, reglas procedimientos. Fomentar hábitos, costumbres.

ORDEN Y CONTROL. Gobernar la vida y el entorno. Definir libertades y prohibiciones, aplicar premios y castigos. Ejercer autoridad. Actuar según bases morales, generar juicios del bien y del mal, autoevaluaciones, evaluación de los otros y del entorno. Definir lo que debe ser aprobado y lo que debe ser rechazado. Búsqueda de logros, destacar y reconocimiento.

DEFENSA E INTEGRIDAD. Acciones de defensa de la integridad del ser ante los retos que amenazan la propia identidad o la sobrevivencia. Voluntad de existir. Manejar dificultades. Construir las particularidades, la individualidad, libertad e independencia frente al mundo.

AMBIENTE MATERIAL. Conserva y repara. Práctico y realista. Eficiente y detallista. Predecible y estable. Proporciona escenarios donde la gente pueda actuar, se pueda expresar y fortalezca su materialidad. Valora los bienes materiales. Controla los recursos.

DESCRIPCIÓN SEGÚN LOS ELEMENTOS DEL MODELO KAANSAFI

Ubicación en el Modelo Kaansafi: casilla D.

Ubicación dinámico-estructural: interacción estructurada.

Base cerebral: sistema reticular.

Sistemas ontogénicos del Modelo Kaansafi

Sistema Sensocognitivo: sensibilidad, percepción y conocimiento.

Sistema de Intercambio entre el medio interno y el medio externo.

Sistema Corpomotriz: movimiento, postura, fuerza y orden.

DESARROLLO

Fase física desde el nacimiento. Fase ética social se fortalece en la juventud y adultez.

Nivel 1. Inicial. Infantil familiar.

Desarrollo físico. Logro de la autonomía física y actitudinal. Concepto de autoridad. Vivencia de la masculinidad. Idea del padre. Actitudes ante el alimento físico, la casa y el entorno. Trato a sí mismo y a los demás.

Nivel 2. Intermedio. Evolución social.

Autocontrol, posposición de gratificaciones, adaptabilidad. Superar pruebas para ocupar un lugar en el mundo. Cumplir exigencias. Inserción en la realidad cultural. Relación funcional con grupos. Ubicarse en la realidad como estructura y límite. Afrontar consecuencias de errores. Disciplina. Buscar ganarse la vida, construir una vida material. Logro de una estética, aplicación de una ética y valores. Uso, valoración y producción de bienes y posesiones. Estado de salud o de enfermedad física. Prácticas de higiene y alimentación.

PENSAMIENTO, CONOCIMIENTO E INTELIGENCIA

Tipo de pensamiento. Convergente, estructurado y atento al campo, concreto, empírico inductivo.

Tipo de conocimiento. Derivado de la experiencia (empírico). Mixto formal flexible.

Inteligencia que privilegia. Inteligencia normativa: actividades físico–deportivas, administración, procedimientos, hábitos, definición de la ética personal.

Inteligencias que apoya. Inteligencia interactiva: (socio ambiental) incluye interacciones humanas, interacción con el medio ambiente y con la naturaleza. Inteligencia práctica formal: realizar procedimientos, utilizar herramientas, maquinaria adecuadamente, reconstruir, arreglar, organizar.

Sabidurías que sostiene: Saber Hacer y Saber Relacionarse.

EXPRESIONES PSICOSOCIALES

Valor principal: el ambiente material.

Motivación: lo que debe ser y debe hacer.

Logros: autonomía, destreza e integración.

Fracasos: dependencia, torpeza y aislamiento, desorden, debilidad, incertidumbre

Objetivo de la comunicación: como deben ser las cosas.

Reacción de otras personas: a través de los órganos de los sentidos, de lo que considera bueno o malo, proporciona escenarios donde la gente pueda actuar, se pueda expresar y fortalezca su materialidad.

Actividad física: interés por el fortalecimiento físico, la nutrición, la salud y el funcionamiento de las cosas.

Actitud psicológica: el deber ser, por lo que tiene un componente parental.

Relación con el entorno: control, busca ambientes ordenados en donde llevar a cabo la vida material, afecto al dinero, la seguridad, el estatus.

Relación humana y expresión de emociones: cumplir con lo establecido, crear ambientes para la vida material, trata de crear contextos especiales para las interacciones.

Actitud ante el amor: busca el confort, lo sensual, los placeres físicos, el atractivo visual, el atractivo táctil, la experiencia sexual. Disfruta la belleza, es impulsivo, posesivo, persistente, pragmático, eficiente, adecuado, detallista, tiene sentido común. Es dedicado, responsable, experto, estructurado, se orienta a los logros. Es determinado, constructor.

INTEGRACIÓN ORGANIZACIONAL

Relaciones humanas

Liderazgo: organización de actividades, control de ambientes y procesos.

Actividades con los otros: supervisa y califica.

Toma de decisiones: alcanzar o corregir lo esperado.

Integración a equipos: se integra bien a ambientes organizados, con procedimientos y metas establecidas y con reglas del juego claras.

Actitud ante el conflicto: ordena, estructura, premia, castigas, impone.

Productividad

Reconocimiento que busca: reconocimiento de su autoridad, de su sentido del orden, de la estética.

Tipo de actividad: relación estructurada.

Fundamento de su actividad: normas, procedimientos, compromisos conservar y reparar, práctico y realista, eficiente y detallista, predecible y estable. Valora los bienes materiales. Controla los recursos. Alto sentido de si mismo

Producto obtenido: estructura, cumplimiento, orden, estética.

FUNCIÓN QUE LO EQUILIBRA

La normatividad se equilibra con pensamiento conceptual y acciones transformadoras.

Lo que conviene fortalecer: reflexionar, actualizar información, contextualizar, ser creativo, innovar, ser empático.

RETOS

Fallas en las habilidades normativas: la falla normativa afecta la práctica formal así como la interacción interpersonal y con el medio ambiente. Esto implica falta de procedimientos, hábitos que lleven a prácticas en la vida cotidiana que sean benéficas para las personas. Afecta la vida productiva e impide la inserción laboral y la solidez profesional, así como las relaciones interpersonales pues se observa un desorden en la acción y falta de ética en el comportamiento.

RIESGOS PRINCIPALES

Por exceso

Dependencia, vergüenza y miedo, sumisión, rebeldía, autoritarismo, insensibilidad, resentimientos. Sobreestimación, siente que no necesita justificar sus acciones. Narcisista. Exceso en creerse único, extraordinario, especial. Conflictos con los demás, rechaza el altruismo. Considerar que los bienes materiales son parte del cuerpo vital de las personas. Observa a los demás como peligrosos. Paranoia, temor, pánico. Dominante, prepotente. Explota a otros. Aplicar normas irracionales, destruir lo diferente, aplicar castigos excesivos, uso excesivo de la fuerza, autoritario, rígido, no considerar las motivaciones, voluntad o normas de otros, generalizar e imponer sus creencias o su voluntad. Arrogante agresivo, controlador, materialista, egoísta. Explotar a otros.

Por déficit

Poca vitalidad, dependiente, sometido a otras voluntades, incapaz de defender y proteger lo que le es valioso, evita confrontación directa. Debilidad corporal. Poca exigencia, dejarse manipular. Personalidad dependiente.

Por ambivalencia

En el ámbito cotidiano es adoptar ritos y tradiciones de forma rígida. Puede haber una distorsión de la normatividad personal lo que lleva problemas en las prácticas nutricionales y dependencia a sustancias, personas o situaciones. Falta de un comportamiento auto regulatorio y expresión desordenada de los impulsos. Desarrollo de violencia y actividades antisociales sin motivo aparente.

DA

EL MUNDO PRÁCTICO FORMAL

Y

LAS ACTIVIDADES PRODUCTIVAS

OBJETIVO DEL SER Y DEL CONOCER

Eficiencia. Construir realidades. Lograr una posición profesional en el mundo, reconocimiento y prestigio. Promoción de ambientes y actividades formales. Generación y organización del bienestar material.

DESCRIPCIÓN GENERAL

Se refiere a la generación y gestión de espacios, productos y recursos materiales. Es llevar a cabo procedimientos a través de una adecuada interacción entre la normatividad y el conocimiento. Sus objetivos son totalmente pragmáticos. Se expresa en un liderazgo profesional que puede ser de carácter técnico – manual, en logros atléticos y de precisión corporal. Se basa en la integración a procesos de trabajo, la aplicación de habilidades manuales técnicas, realizar actividades con objetivos. Impulso de los procedimientos y la capacitación.

HABILIDADES CARACTERÍSTICAS

COMUNICACIÓN. Se orienta a dar indicaciones sobre el trabajo y los procedimientos, también sobre cuidados físicos, acciones de fortalecimiento y de defensa. Orientaciones para la organización, cuidado y disponibilidad de los recursos y espacios materiales. Cuidado y organización de las actividades técnicas y profesionales, la responsabilidad y el prestigio. Maestro del trabajo.

PRODUCTIVIDAD. Generación y gestión de espacios, productos y recursos materiales. Vida productiva, responsabilidad, compromisos. Decisiones prácticas. Actividad productiva, economía, finanzas, estructura social, fortaleza social. Capacidad defensiva, jerarquía. Alcanzar una vida productiva, actividad profesional o actividades escolares.

PROFESIÓN. Incorporación a la vida laboral, generación y administración de recursos, generación de riqueza. Desarrollo de productos y servicios. Construcción de espacios en los cuales se lleva a cabo la materialidad de la persona y de quienes dependen de ella.

PRESTIGIO. Lograr un prestigio y un lugar en la sociedad. Saber jerarquizar prioridades según valores y principios. Construcción de ambientes y actividades formales, generación y organización del bienestar material. Producción estructurada. Acción integradora. Actividad productiva. Tomar decisiones prácticas.

BIENES MATERIALES. Tiene que ver con la incorporación a la vida productiva, la actividad profesional, en etapas previas se relaciona con las actividades escolares. Es la búsqueda y las acciones que llevan a la incorporación a la vida laboral, la generación y administración de los recursos, la generación de riqueza. Implica el desarrollo de productos y servicios. Es la construcción de espacios en la cual se lleva a cabo la materialidad de la persona. Tiene que ver también con los cuidados físicos, las acciones de fortalecimiento y de defensa. El prestigio y el lugar de la persona en la sociedad.

CAPACIDAD PRÁCTICA. La producción se basa en habilidades prácticas formales, son acciones fundamentadas en conocimientos y en procedimientos así como en normas y habilidades físicas. También se sustenta en el conocimiento del medio para actuar con sentido de realidad. Se traduce en destrezas manuales, en el entendimiento de las actividades físicas y mecánicas.

DESCRIPCIÓN SEGÚN LOS ELEMENTOS DEL MODELO KAANSAFI

Ubicación en el Modelo Kaansafi: casilla AD.

Relación dinámico-estructural: actividad práctica formal.

Base cerebral: corteza izquierda y sistema reticular.

Sistema ontogénico del Modelo Kaansafi

Sistema Sensocognitivo: sensibilidad, percepción y conocimiento.

Sistema Corpomotriz: estructura, movimiento.

DESARROLLO

Inicia en la etapa escolar, se consolida en la adultez.

Nivel 3. Avanzado.

Trabajo práctico, identidad productiva, profesión, propósito, prestigio. Puede llegar a ser guía, maestro en actividades prácticas. Actividad profesional, generación de bienes, producción de riqueza, construcción de espacios materiales, cuidados físicos, defensa de los intereses y las personas, prestigio, lugar alcanzado en la sociedad. Impulso de los procedimientos y la capacitación.

PENSAMIENTO, CONOCIMIENTO E INTELIGENCIA

Tipo de pensamiento. Estructurado, convergente. Estilo cognitivo mixto (atento e independiente al campo), (abstracto, concreto).

Tipo de conocimiento. Formal, mixto empírico introspectivo.

Inteligencia que privilegia. Inteligencia práctica formal: realizar procedimientos, utilizar herramientas, maquinaria adecuadamente, reconstruir, arreglar, organizar.

Inteligencias que apoya. Inteligencia racional: lógica científica, lógica físico matemática, información y datos objetivos. Inteligencia normativa: actividades físico–deportivas, administración, procedimientos, hábitos, definición de la ética personal.

Sabiduría que sostiene: Saber Hacer.

EXPRESIONES PSICOSOCIALES

Valor principal: construir un mundo material.

Motivación: lo que hace y cómo lo hace.

Logro: competencia, destreza.

Fracaso: inutilidad, torpeza.

Objetivo de su comunicación: explicar y promover el funcionamiento de las cosas.

Reacción de otras personas: en ámbitos laborales es aceptado y reconocido, en la vida cotidiana es buen proveedor y promotor de seguridad material, en ocasiones puede ser impositivo y rígido.

Actividad física: se orienta principalmente a actividades de carácter práctico, productivas, remuneradas. La motivación para realizar las actividades físicas y motoras, así como actividades productivas, se relacionan con organizar ciclos, hábitos, fortaleza, postura y movimiento.

Actitud psicológica: deber y responsabilidad, por lo que tiene un componente parental y adulto. Productividad, eficiencia, posición social.

Relación con el entorno: adaptativo, se ubica en el contexto en función de su utilidad.

Relación humana y expresión de emociones: manifiesta miedo al fracaso y a la inferioridad, se adapta a las organizaciones y a las relaciones jerárquicas. Tiene sentido del deber, tiende a dar apoyo material y a dar orientación práctica.

Actitud ante el amor: elegancia, mezcla lo que es conveniente hacer con la sensualidad. Construye ambientes físicos para que la relación de pareja fluya. Expresa su amor ordenando y construyendo espacios físicos para la vida cotidiana, siendo proveedor, previniendo y solucionando problemas.

INTEGRACIÓN ORGANIZACIONAL

Relaciones humanas

Liderazgo: habilidades productivas.

Actividades con los otros: participa, si tiene función de autoridad: dirige, supervisa, corrige, estructura, capacita.

Toma de decisiones: lo que es útil.

Integración a equipos: se adapta al trabajo en equipo.

Actitud ante el conflicto: busca lo más práctico, acuerda, impone.

Productividad

Reconocimiento que busca: por lo que ha hecho, alcanzar prestigio laboral y un lugar en la vida social.

Tipo de actividad: producción estructurada.

Fundamento de su actividad: trabajo, empleo, servicio y la profesión

Producto obtenido: bienes materiales, servicios, sustento económico.

FUNCIÓN QUE LO EQUILIBRA

La práctica formal se equilibra con base transformadora.

Lo que conviene fortalecer: creatividad, innovación, emotividad.

RETOS

Falla en la actividad práctica formal: las actividades y compromisos laborales, profesionales y las prácticas comunes de la vida cotidiana se ven afectados. Implica una falla en la racionalidad y en la normatividad. Desde la normatividad hay fallas en la disciplina, carácter y actitud. Desde la racionalidad hace falta información adecuada, coherencia y sentido de realidad. Afecta la inserción de la persona en el mundo del trabajo y de los compromisos responsables. Se afecta la sabiduría del Saber Hacer.

RIESGOS PRINCIPALES

Por exceso

Alejamiento del entretenimiento, tratar a otros como instrumentos para sus fines, exigencias exageradas, esclavizar a otros, no aceptar innovaciones, valoración excesiva de lo material. Rigidez, hacer o promover trabajo sin sentido, tener miedo a la creatividad, excesiva búsqueda del reconocimiento por logros materiales y por la posición social.

Por déficit

No desarrollar vida productiva, dificultades para una identidad profesional, no incorporación o fallas en la vida laboral, mala administración de recursos, poca generación de bienes, productos, servicios y riqueza, falta de cuidado a los espacios físicos, a las personas y a los bienes. Poco compromiso laboral o profesional.

Por ambivalencia

Buscar el reconocimiento social y laboral y al mismo tiempo desarrollar prácticas inadecuadas con los objetivos buscados lo que conlleva actitudes paradójicas.

CARACTERÍSTICAS DE LOS MUNDOS DEL SER Y DEL CONOCER

A RACIONAL	AB CONCEPTUAL	B CREATIVO
Logros del desarrollo de habilidades lógico racionales. La persona que ha desarrollado estas habilidades, genera conocimientos teóricos a partir de datos de la realidad. Predomina el pensamiento racional sobre el creativo. Establece relaciones estructuradas entre diversos datos. Utiliza información ordenada. Utiliza un método, sistemático, fundamentado. Recopila, organiza, reproduce, explica y sistematiza el conocimiento. Se basa en construcciones mentales ordenadas lógicamente. Tiene un comportamiento ético, científico y tiende a decisiones fundamentadas.	Logros del desarrollo de habilidades directivo conceptuales. Hay un desarrollo importante del pensamiento abstracto. Apoya con conceptos, la gente le busca para desarrollar ideas, ampliar su conciencia, ayuda a aclarar el camino a seguir y dar sentido a la vida social y productiva. Tiene gran capacidad tanto de síntesis como de análisis. Su capacidad de Introspección es muy importante y puede dar dirección y claridad a las personas que le rodean en aspectos como el discernimiento, la reflexión personal, la proyección, el diseño y planeación de actividades.	Logros del desarrollo de habilidades creativas e intuitivas. Predomina el pensamiento creativo sobre el racional Es idealista. Piensa en mundos fantásticos. Busca posibilidades, opciones, es espontáneo e imaginativo, tiene atracción por el color y las formas. Diseña, desarrolla expresiones artísticas. Encuentra soluciones a problemas, mejora lo que hay. Aporta buenas ideas para la planeación, la dirección de las personas grupos y organizaciones. Ve soluciones en donde otros no lo hacen. Muestra confianza ante los retos pues sabe que se pueden encontrar soluciones.
DA PRODUCTIVO		BC TRANSFORMADOR
Logros del desarrollo de habilidades prácticas formales. Son importantes las actividades prácticas concretas. Orientado a la productividad, a la búsqueda de una posición y reconocimiento social lo que influye de manera muy importante en las formas de pensar, planificación, tomar decisiones, organizar, actuar y relacionarse. Así como en el uso de la información y en el tipo de lenguaje utilizado. El desarrollo de las actividades técnicas y profesionales es estimulado fuertemente por información y procedimientos normativos.	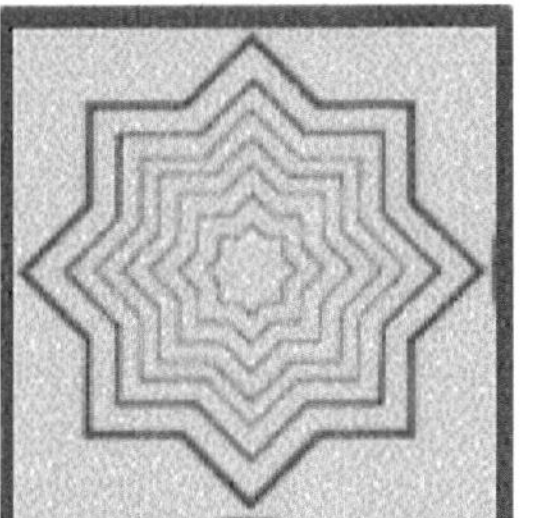	Logros del desarrollo de habilidades artístico innovadoras. Predomina el pensamiento creativo sobre el racional. La creatividad y las emociones influyen de manera muy importante en sus formas de pensar, planificación, tomar decisiones, organizar y uso de la información y en el tipo de lenguaje utilizado. Mantiene una relación estrecha entre emociones y creatividad. El desarrollo creativo es impulsado por emociones que le dan sentido, de igual forma sus emociones son estimuladas fuertemente por sus ideas y su imaginación.
D NORMATIVO	CD RELACIONAL	C EMOTIVO
Logros del desarrollo de habilidades normativo corporales. Está orientado a establecer y regular relaciones del ser humano consigo mismo, los otros y la naturaleza de manera ordenada y estructurada. Se identifica con el cuerpo, es físico y le gusta estimular las sensaciones corporales. Realiza sus rutinas adecuadamente y trata de comer y dormir en horarios establecidos. Es una persona accesible y de buen trato. Busca el buen funcionamiento de los grupos, es práctico, eficiente, con sentido común, realista, bien organizado. Busca crear ambientes físicos en los cuales se desarrollen las actividades tanto de la vida cotidiana como las productivas.	Logros del desarrollo de habilidades sociales y ambientales. Hay un desarrollo importante de las habilidades de relación interpersonal y socio ambiental. Son importantes las actividades prácticas concretas con sentido humano, actitud que influye de manera muy importante en las formas de actuar y relacionarse. Actúan de manera estrecha el deber ser y las consideraciones personales. En el desarrollo de las interacciones sabe integrar normas, percepciones y valoraciones emocionales.	Logros del desarrollo de habilidades emocionales. Es capaz de generar emociones, sentimientos, gustos. Sabe manejar las respuestas espontáneas e incorporar elementos de una manera no predeterminada. Estas funciones actúan principalmente sobre los procesos de sociabilidad, integración humana, en la formación de grupos y la seguridad emocional. Influyen sobre estado de ánimo, vínculos de pareja y con los hijos. Seguridad personal, sensación de bienestar. Tiene que ver con las motivaciones, el humor, el sistema del placer y tranquilidad del cerebro, sentimientos de gozo y refuerzo para motivar una persona proactivamente para realizar actividades.

CAPÍTULO 5

DESARROLLO HUMANO

CONOCIMIENTO INTEGRADO

Ser y conocer

El Modelo Kaansafi se enfoca en la comprensión de los procesos y características del ser y del conocer, por lo que la integración de conocimientos se manifiesta en el terreno de lo filosófico y se proyecta hacia la vida cotidiana, laboral, educativa, social y personal.

Confluencia de teorías

La Integración de Conocimientos en el Modelo Kaansafi, ofrece elementos que pueden ser abordados desde distintas áreas del conocimiento. Estos elementos permiten la confluencia de teorías que a su vez se enriquecen y se retroalimentan.

En la idea de integrar, interpretar y redimensionar diversas disciplinas en los procesos del ser y del conocer, el Modelo Kaansafi se propone como una forma en que estos pueden ser mirados, organizados y aplicados.

Campo de conocimiento integrador

El Modelo busca encontrar el vínculo de lo particular con la esencia común, incorporar lo permanente con los procesos de cambio. La integración de los conocimientos busca dar sentido a la multiplicidad de elementos en que está dividido el mundo del conocimiento hoy en día a través de un paradigma que identifique lo que une el arte con la ciencia, la vida cotidiana con los conocimientos, el comportamiento real con la vida espiritual.

Punto de encuentro para el estudio del desarrollo humano

El Modelo tiene un componente teórico práctico, integrador y comparativo en el ámbito del desarrollo humano. Por lo que busca encontrar puntos de encuentro entre diversas teorías y metodologías utilizadas en este campo. De acuerdo con las evidencias es posible decir que existe una realidad humana independiente del observador, del psicólogo, del médico, pues el estudio del desarrollo humano, que se ha originado en observaciones desde diferentes perspectivas, muestra coincidencias que saltan a la vista por lo que es posible aventurarse a reunirlas en un enfoque integrador de conocimientos, los cuales al intervenir en ellos cobran sentido. Pese a que los estudios del desarrollo humano ofrecen más de una explicación o aproximación a las características, interacciones y procesos, es posible observar que, en conjunto, hay datos teóricos y empíricos que son suficientemente independientes de las interpretaciones particulares.

Inventario del Desarrollo Humano

En muchos aspectos, el Modelo, es un espacio que permite incorporar un inventario parcial de teorías del desarrollo humano, así como un indicador de los tipos de problemas a los que se enfrenta el estudio de estas disciplinas y una guía sobre la clase de información empírica que se requiere para alimentarlo. Es un campo propicio para combinar las virtudes de varias teorías buscando construir una secuencia significativa de los procesos del ser y del conocer que sirvan para clarificar el presente y apuntar líneas de investigación futuras.

Aproximación científica

El estudio del desarrollo humano es una ciencia, en el sentido de que las afirmaciones que se hacen en torno a los conocimientos del área, se pueden evaluar, racional y empíricamente. Las teorías del desarrollo humano nos permiten operar con un pequeño número del total de hipótesis, orientadas a la identificación de elementos constantes clave que hacen posible el comparar diversas teorías entre sí. Una observación interesante ha sido constatar hasta qué punto existe un tipo de conocimiento nuclear dentro de diversos planteamientos.

Principios integrados

Además de ser un Modelo científico también incorpora principios de carácter humanista, espiritual y filosófico.

Científico por estar basado en datos de la realidad y sus relaciones causales y complejas.

Humanista porque se enfoca en el ser humano.

Espiritual porque incorpora significados y valores profundos.

Filosófico porque busca conceptos y principios generales que fundamenten una visión estructurada del mundo.

Todos estos principios intervienen en fundamentar motivaciones, identidades, intencionalidad, interpretación, actitudes, valoraciones, interacciones, creencias, acciones, valores y decisiones de la persona, los grupos y las sociedades.

RETOS DEL MODELO

La investigación profesional en el proceso de integración de conocimientos a través del Modelo Kaansafi para el desarrollo humano tiene diversos retos, entre ellos destacan los siguientes.

Llevar a cabo de forma sistemática, eficiente y digna las actividades y el registro de los procesos lineales y emergentes en las actividades educativas, terapéuticas y de desarrollo humano.

Fortalecer la aproximación humanística, científica y sistemática de las prácticas (observación, descripción, registro de logros y problemas) para profundizar en las bases conceptuales y técnicas de un paradigma cada vez más reconocible en sus características, funciones, comportamientos, alcances y terminología.

Lograr construir leyes y procedimientos característicos del Modelo Kaansafi.

Aplicar y fortalecer esta herramienta para promover el desarrollo humano de manera cada vez más profunda, clara, efectiva y significativa.

Adoptar un marco conceptual general, ordenado y estructurado que incorpore de manera coherente y bajo una perspectiva global, conceptos, teorías, eventos y fenómenos diversos que caracterizan al ser humano.

Generar conocimiento. Amplificar la conciencia, sensibilidad y gestión de experiencias que se orienten a fortalecer el estado de salud, los procesos de enseñanza aprendizaje y el desarrollo humano de grupos y personas.

Generar un proceso de gestión de información que identifique similitudes, confluencias y equivalencias entre diversas teorías, inclusive aquellas que aparentemente no tienen una conexión directa y que parecen transitar por caminos divergentes.

Encontrar grandes principios generales compartidos.

Describir procesos complejos en el ámbito de los sistemas biológicos, cognitivos y psicosociales que intervienen en el desarrollo humano.

Fomentar conceptos, técnicas y tecnologías para la integración de conocimientos.

PROPIEDADES

El Modelo fomenta una aproximación multi-inter-trans disciplinaria al entendimiento de los procesos del desarrollo humano.

Es dinámico pues evoluciona a medida que profundizamos en su conocimiento.

Es un Modelo de aprendizaje.

Es un Modelo para la comunicación intrapersonal, interpersonal y social.

El Modelo toma en cuenta procesos históricos de la persona.

Es un universo libre del cual podemos hacernos responsables de su propio devenir, de su riqueza e innovación creativa.

Permite construir nuevas realidades.

EL MODELO COMO MECANISMO ORDENADOR

El Modelo Kaansafi es una estructura que permite dar un orden a las ideas y acciones. Incorpora el concepto de equilibrio dinámico entre orden y caos, y proporciona una guía para fortalecer la comprensión, ampliar la conciencia y orientar la acción de las personas, los grupos y las sociedades.

Mapa para la acción

El Modelo Kaansafi es un mapa en el que se pueden agregar y extraer contenidos. Trabajar con el Modelo Kaansafi promueve también, una mirada desde fuera. Esto permite concentrar o mover recursos hacia algún punto específico para fortalecerlo o debilitarlo, para crecer y evolucionar. Trabajar con el Modelo Kaansafi permite hacer un plan de acción, reflexionar, comprender, crear, tomar decisiones y definir metas.

Mecanismo de autocontrol

Cada elemento del Modelo es un espacio de reflexión – acción y puede imaginarse que cada uno de estos espacios tiene un mecanismo de control que permite lograr una profundidad de análisis desde la máxima hasta la mínima expresión. El recurso se manejará según los conocimientos, objetivos y criterios de cada persona; el alcance depende de las necesidades, entendimiento, capacidades y voluntad. El Modelo Kaansafi es el panel de control y cada persona es el control del control.

EL MODELO COMO SISTEMA

El Modelo Kaansafi es, a la vez, un sistema a nivel general y un conjunto de sistemas a nivel interno. Tiene un orden estructural, funcional, interactivo, evolutivo y significativo. Es multidireccional pues cada una de las partes que lo integran se influye recíprocamente. El Modelo es un sistema complejo de retroalimentación, el cual es capaz de elaborarse a sí mismo, provocando estados del ser más reflexivos, más creativos y más conscientes, es un universo que se organiza a sí mismo y que evoluciona constantemente.

El Modelo como sistema diferenciado

El Modelo Kaansafi, como metáfora, presenta al ser humano en su totalidad, como un sistema diferenciado, es decir que tiene una identidad distinta a la de su entorno. Esto ocurre también en sus componentes particulares, las diversas funciones humanas expresadas en el Modelo son también sistemas diferenciados en continua relación con su entorno, es decir, con los otros elementos del sistema. Así el Modelo representa, a la vez, un sistema diferenciado a nivel general y un conjunto de sistemas diferenciados a nivel interno.

El Modelo como sistema termodinámico

El Modelo Kaansafi tiene un orden estructural, funcional y significativo. Incorpora las leyes de la termodinámica en el sentido que busca identificar las bases de la permanencia, el desarrollo y la renovación. Esto implica un proceso de equilibrio dinámico continuo de orden y desorden, construcción – deconstrucción, en donde la energía constructiva (antientrópica o negentropía) es mayor a la energía destructiva (entropía). El Modelo Kaansafi considera al ser humano como una isla antientrópica, es decir es un sistema ordenado, estable, identificable que ocupa un tiempo y un espacio determinado y está en relación con su entorno en continuos procesos de influencia y modificación mutua. La forma en cómo se logre el orden y la estabilidad, la manera en cómo se enfrenten los retos y los cambios, define la identidad, define lo que se es, en un devenir que no es fijo, que cambia, evoluciona, se fortalece y se debilita. En muchos aspectos, las acciones promueven estas condiciones, por lo que a través de hacerlas conscientes se pueden estimular caminos hacia niveles superiores de existencia y al logro de mejores versiones de cada persona, grupo o sociedad. El Modelo Kaansafi ayuda y orienta en este proceso.

EL MODELO COMO MÁQUINA MENTAL COMPLEJA

El Modelo Kaansafi funciona como una máquina mental compleja orientada al autoconocimiento y desarrollo, se construye, se deconstruye y se reconstruye permanentemente. Esto implica búsquedas, encuentros y desencuentros con uno mismo, con los demás y con el entorno. Es una máquina a la que se puede acceder desde símbolos y arquetipos, por reflexión y razón, por sensación y emoción, por imaginación e intuición, es lógica y mágica al mismo tiempo, consciente e inconsciente. Es específica y totalizadora. El Modelo está diseñado no sólo para describir sino también para interpretar, predecir, fomentar, generar y aplicar conocimientos.

Interacciones en sistemas complejos

La generación de conocimiento y de comprensión puede ser la expresión de un sistema complejo estimulado, el cual al incorporar diversas ideas o experiencias generan interacciones mentales que desatan un proceso dinámico que puede dar como resultado expresiones diversas con consecuencias no esperadas, ni explicadas desde la suma de los componentes individuales sino por las interacciones generales que influyen en todo el sistema de manera global.

Del caos al orden, de la crisis a la autoorganización

De acuerdo con la teoría de los sistemas complejos, esta interacción de diversos elementos, se orienta hacia un proceso natural de autoorganización, en este caso de la persona, del grupo y de la sociedad, en donde a mayor desorganización previa o estado crítico, mayor será el efecto de autoorganización.

Las características de estos logros se darán de manera espontánea sin que se hayan planeado de antemano ni como una expresión de los componentes individuales. A este proceso se le conoce como orden con propiedades emergentes.

Propiedades emergentes

Una de las características de los sistema complejos es la generación de propiedades emergentes. Las propiedades emergentes son estructuras, funciones y procesos de orden que se generan por la interacción de diversos componentes y que no sería posible obtener de cada uno de ellos de forma individual y aislada. Esto significa que hay fenómenos del desarrollo que son autónomos y que no son predecibles y que sin embargo tienden al orden, a la funcionalidad y a la salud. Los procesos emergentes se pueden expresar en el desarrollo de la conciencia, de las emociones, del fortalecimiento físico y psicológico.

Procesos expansivos

De acuerdo con la metodología del Modelo Kaansafi, al estimular la interacción entre todas las funciones, al alimentarlas con conocimientos y experiencias, se echan a andar tanto los procesos causa efecto como los procesos de sistemas complejos. Se promueven procesos de autoordenamiento que se manifiestan de manera creativa y dinámica pudiendo generar expresiones nuevas e impredecibles orientadas al bienestar y a la salud de las personas, grupos y sociedades.

Consideraciones prácticas

El Modelo Kaansafi puede ser aplicado a los procesos de enseñanza aprendizaje, a las diversas metodologías psicoterapéuticas, a los procesos de desarrollo humano (individual, grupal y organizacional) y a la promoción de la salud.

La participación de la persona en su desarrollo

El Modelo Kaansafi promueve que la persona interesada se involucre en el autoconocimiento, en la mejora de sus habilidades y en la identificación de sus alcances y limitaciones. En echar a andar el propio motor interno, es decir la motivación creativa, que impulsa a involucrarse con gusto en el fortalecimiento personal. En construir una relación significativa consigo mismo y con su entorno.

La participación del profesional

El Modelo Kaansafi proporciona fundamentos teóricos y prácticos para aplicarse de manera profesional en el terreno de la salud, la educación y el desarrollo humano personal, grupal y organizacional.

El papel del Guía Kaansafi en el desarrollo

Padres de familia, maestros, médicos, terapeutas, gerentes y directivos pueden apoyarse en el Modelo Kaansafi para fortalecer y orientar sus acciones y formarse como Guía Kaansafi. El Guía Kaansafi promueve el bienestar a través de crear condiciones para la participación activa de las personas en su propio desarrollo. Fortalece ambientes, interacciones, conocimientos, procedimientos, identidades y comprende cómo el desarrollo de diversos elementos influyen en las acciones, logros y en el estado general de las personas de manera integral. Ser un guía del desarrollo implica un acompañamiento significativo, es decir tratar al otro con conocimientos, respeto, paciencia y valoración e impulsarlo de acuerdo a sus capacidades, características y logros alcanzados.

La persona y su entorno

Se promueve el desarrollo personal, no con el fin de separarse y romper comunicación con los demás sino para lograr una interacción y construcción de la sociabilidad en un mundo compartido hecho de mundos particulares, donde cada endocosmos es parte de un universo mayor. Es la comprensión de los principios rectores de nuestro universo interno. Crear espacios donde nos reconocemos en los demás, identificamos aspectos familiares en los otros y nos aceptamos como seres únicos bajo principios compartidos donde nuestra particularidad es nuestra aportación al desarrollo del devenir universal y de la casa común.

Fortalecimiento de la persona

La integración de los conocimientos no es un proceso de acumulación o un proceso mecánico sino que desata mecanismos de acción, reflexivos, emocionales, creativos y de cambio. Es una herramienta, *la antropología del endocosmos*, para la construcción de nuevos universos, conocimientos y expresiones. La mezcla e intercambio de conocimientos y experiencias ofrece la posibilidad de la transformación personal y multiplica la opción de desarrollo a partir de generar y regenerar el conocimiento de lo que sustenta las fortalezas humanas.

La persona y su contexto

El Modelo promueve la adaptación y respuesta consciente al contexto de acuerdo a la pertinencia, necesidad, gusto que se tenga en cada ambiente o situación con el fin de promover la mejor actitud y respuesta a lo que la realidad demanda y por lo tanto alcanzar mayores logros.

Historicidad y particularidad

El Modelo considera la historicidad en el proceso de desarrollo. Esto es que a las generalidades se agrega la historia de cada persona, su experiencia, memoria, interpretaciones y demás elementos particulares.

Crecimiento y transformación de la realidad

El Modelo Kaansafi está orientado a fortalecer el conocimiento, es decir, a fortalecer el proceso de mediación entre los hechos (el mundo) y la persona (cuerpo - cerebro). El conocimiento ejerce la función de mediación transformadora entre el ambiente y la persona a través de sistemas organizados de pensamiento.

Amplificación del conocimiento

El Modelo Kaansafi es un sistema para fortalecer el ser y el conocer a través de la integración de conocimientos, sin embargo también es para amplificarlos tanto como cada persona lo pueda hacer posible. Permite elevar el conocimiento humano y hacerlo más complejo y eficiente por lo que puede ser una clave para la evolución personal y por lo tanto social, a niveles superiores de crear, sentir, hacer y pensar.

LOS LOGROS Y ALCANCES DEL DESARROLLO

El desarrollo ulterior no será igual en cada persona, grupo u organización sino que dependerá de quienes intervienen, su entorno, su historia, de las decisiones que tomen, de cómo lleven a cabo sus acciones. El Modelo es útil para todos porque se adapta a la vida cotidiana, a la realidad, a la experiencia e historia de cada persona; de esa manera no se necesita de ambientes especiales para aplicarlo.

UNIFICACIÓN Y REALIZACIÓN DE LA PERSONALIDAD

Trabajar con el Modelo Kaansafi tiene como objetivo final el bienestar de la persona y de la organización al fortalecer su desarrollo integral, en sus bases normativo-físicas, emocionales, creativas y racionales, así como en sus habilidades conceptuales, transformadoras, productivas y de interacción en el camino para el fortalecimiento de sus Sabidurías: Saber Pensar, Saber Hacer, Saber Relacionarse, Saber Innovar.

FALLAS EN LA INTEGRACIÓN

De acuerdo con el Modelo Kaansafi los problemas de salud física, los problemas de aprendizaje y de desarrollo psicosocial y organizacional se deben a fallas en la integración de las diversas funciones que conforman a la persona, a los grupos y a las organizaciones y que están representadas en el Modelo Kaansafi. Estas fallas pueden ser por déficit, por exceso o por ambivalencia en cualquiera de los componentes del sistema.

Expresión débil de las funciones. Las funciones pueden no expresarse adecuadamente, quedarse en niveles poco desarrollados que con el tiempo no son adecuados para responder a los retos de la vida. En este caso el equilibrio se alcanza desarrollando las funciones deficitarias.

Aplicación excesiva de algunas funciones. Cuando existe exceso en el desarrollo o predominio de ciertas funciones debe buscarse el equilibrio incorporando otras funciones. El desarrollo dentro del planteamiento del Modelo Kaansafi se logra no por combatir lo que hay en exceso sino por fomentar y agregar otros factores que permitan disminuir los estados de malestar o riesgos que este exceso conlleva.

Ambivalencias en el proceso de desarrollo. Cuando las respuestas que da una persona o una organización ante la realidad cotidiana no son predecibles y ante una misma situación las acciones son contradictorias, a veces en un sentido a veces en otro, o en todo caso las reacciones y respuestas son inesperadas, confusas, aleatorias y poco funcionales denota un desorden en su estructura del ser y del conocer. Vivir en ambientes de este tipo no proporciona las condiciones para la construcción de fortalezas y la incertidumbre puede ser una constante. En la ambivalencia predominan funciones mentales básicas que no construyen funciones mentales complejas y representan un reto a la persona que lo vive y a quienes interactúan con esta. Esto significa que la persona o la organización no consolidan su desarrollo y se expresan de manera desordenada, pasan de una emoción a una idea o a una reacción o a un dato sin construir propuestas significativas, sólidas o estructurantes.

Esto implica brincar de una habilidad básica a otra sin lograr la construcción de una o varias de las funciones complejas: introspección, producción, interacción o transformación. Por lo tanto se tendrán dificultades para alcanzar las Sabidurías del Modelo Kaansafi: Saber Pensar, Saber Hacer, Saber Relacionarse y Saber Innovar. Puede haber cambios abruptos de comportamiento: de la razón a la emoción, del orden a actitudes impredecibles, del interés al abandono, por lo que dificultan las relaciones interpersonales y grupales, la interacción, la integración social, inclusive la propia tranquilidad. En este caso el equilibrio se logra trabajando con las funciones básicas contiguas para con ello integrar la función compleja que alimentan.

KAANSAFI

El concepto Kaansafi simboliza el sistema dinámico cuyas estructuras y funciones sustentan la salud y el desarrollo físico, emocional y cognitivo de la persona y el desarrollo de las organizaciones. De forma metafórica un Kaansafi integrado es un proceso de equilibrio dinámico que se mantiene dentro de un rango de expresión que proporciona una sensación de bienestar y un estado de salud y desarrollo. En otras palabras, un Kaansafi sano es un proceso en el cual la energía dinámico-estructural se distribuye y se mantiene dentro de rangos que sostienen la salud física, cognitiva y emocional de la persona y el desarrollo de las organizaciones. Estos rangos ya se han descrito por las diversas disciplinas científicas que estudian al ser humano, como lo son la medicina, la psicología y la administración.

DESORDEN DEL KAANSAFI

Lo que desordena la estructura y la función personal y organizacional, puede residir en aspectos administrativos, físicos, mentales, psicoemocionales o de desarrollo cognitivo. Entre ellos la desvalorización, el rechazo, dificultades graves en la historia personal, accidentes, situaciones ambientales destructivas, abandono, agresiones sobre todo cuando la persona es vulnerable, inexperta o fácil de derrotar. Los efectos son importantes y las consecuencias negativas pueden ser graves.

Estas situaciones provocan estados relacionados con estrés postraumático y desorden personal, desarticulación de la personalidad y de las acciones, errores, baja productividad debido a autorrepresión, depresión y aislamiento o por el contrario por una alta agresividad o reactividad ya sea de manera consciente o inconsciente. Por su naturaleza son experiencias o situaciones que no se pueden integrar y por ello tienden a manifestarse de una manera no controlada, como problemas de salud o problemas que afectan el pensar, sentir, hacer, interactuar o innovar. Se viven como fuerzas ajenas que hacen daño. En las personas esta fuerza dañina puede identificarse como proveniente de sí misma o se puede atribuir a otras personas, a la sociedad, al medio circundante o a la propia naturaleza de la vida provocando reacciones adversas contra sí mismo o contra su entorno. Dentro del sistema interno este malestar se considera energía comunicativa del ser y del conocer que circula sin integrarse pero ejerciendo efectos destructivos. Debido a que esta energía no se identifica como propia es difícil de combatir, desechar o transformar, hasta que se actúa de una manera consciente.

INTEGRACIÓN DEL KAANSAFI

Tratar con estos elementos no integrados requiere desarrollar un trabajo personal y organizacional; un esfuerzo dirigido para identificarse con una causa superior en un ejercicio simbólico de trascendencia; ejercicios y decisiones que ayuden a la persona y a la organización a reconstruirse, a dejar de ser la referencia de sí misma e incluirse y participar en un proyecto más amplio. Se busca reacomodar, reconceptualizar, sustituir y desechar aquello que ya no es necesario o que crea barreras o estorbos al desarrollo. No todo es susceptible de ser integrado, cambiado, desechado u ordenado y parte del proceso de desarrollo es estar atentos a estas características y no forzar acciones y situaciones en donde intervenir pudiera crear más problemas que beneficios o acabar con la motivación que surge de ciertos elementos que en un momento podrían ser catalogados de problemáticos o caóticos. Lo importante es trabajar con conciencia y no necesariamente forzar los acontecimientos hacia un punto unilateralmente deseado. La integración de conocimientos nos da la alternativa de fomentar los procesos expansivos para lograr un proceso de autoordenamiento para alcanzar el bienestar. El exceso de control acaba con la esperanza de generar logros sorprendentes.

SANACIÓN DEL KAANSAFI

¿Cómo evitar y en su caso sanar el desorden, la falta de integración de conocimientos en la persona y en la organización?

En todos los casos requiere de la interacción humana que proporcione apoyo intelectual, emocional, creativo y normativo; una identificación, de quienes participan con un significado profundo de la persona y de la organización, de los objetivos a alcanzar, que guíe y genere confianza en el proceso de reunir y reconstruir los elementos para mejorar la vida personal y organizacional. Un tratamiento terapéutico y un acompañamiento significativo permiten a la persona reconstruirse, fortalecerse y lograr la autonomía.

ESTRATEGIAS METODOLÓGICAS

DESARROLLO DE
CONTENIDOS, AMBIENTES, PRÁCTICAS Y SIGNIFICADOS

El Modelo Kaansafi se orienta a fortalecer a la persona y a la organización a través de trabajar con contenidos, ambientes, prácticas y significados para impulsar las sabidurías de: pensar, hacer, relacionarse e innovar. Estas cuatro estrategias son incluyentes y se recomienda aplicarlas de manera complementaria con el objetivo de lograr un mayor estado de integración y bienestar de la persona y de las organizaciones. El desarrollo de este proceso se puede extender o profundizar tanto como se requiera. En este proceso los cuatro elementos están interrelacionados y puede iniciarse desde cualquiera de ellos. La modificación en uno de los componentes tiende a modificar a los otros. Todos ellos fortalecen las Sabidurías: pensar, hacer, relacionarse e innovar.

Contenidos

Prácticas | PENSAR
HACER
RELACIONARSE
INNOVAR | Significados

Ambientes

Contenidos. Análisis y estudio de datos, teorías y experiencias. El camino educativo de desarrollo consiste en integrar diversos conocimientos y experiencias de alguna o diversas disciplinas orientadas a una comprensión de los procesos involucrados. Generar conocimiento consciente. Promover el diálogo, análisis crítico y disertaciones. Conocer las normas, leyes y directrices involucradas, así como peligros y sanciones.

Ambientes. Es la identificación, establecimiento y mejoramiento de elementos, espacios y condiciones propicias para el desarrollo de las actividades y prácticas, ya sean personales, sociales, laborales, familiares. El ambiente incluye las condiciones materiales, las herramientas, el orden, las normas, las actitudes y el uso de los mismos.

Prácticas. Experiencias, acciones, interacciones y desarrollo de habilidades. Es llevar a cabo tareas con eficiencia y dignidad. Las prácticas pueden orientarse a acciones científicas, técnicas, artísticas, humanísticas, así como para fomentar la autoexpresión y técnicas de uso cotidiano y profesional.

Significados. La búsqueda de significados y la comprensión de experiencias se orientan a obtener respuestas formales o simbólicas de uno mismo y de la propia vida, de las acciones personales y de las personas y los grupos con quienes se participa. Se trata de identificar el valor que tiene cada persona y cada cosa; la jerarquía existente, la importancia de prácticas, ritos y mitos y la relación con el mundo en general. Esta reflexión permite dar sustento, jerarquizar, valorar, aceptar, rechazar y decidir con quién y cómo se desea o se pueden establecer procesos de diálogo, retroalimentación y participación constructiva. Experimentar la paz y la unidad personal.

Herramientas de apoyo para la búsqueda de significados

Existen diversas herramientas para promover la búsqueda de significados y la comprensión de las experiencias personales, aquí se exponen algunas de ellas.

Observación.
Identificar y fortalecer el estado personal con sí mismo y con el entorno a través de autopercepción, sensación, meditación, contemplación y visualización.

Identificación semántica.
La persona se expresa de sí misma de manera verbal o por escrito. Al seleccionar ciertas palabras o conceptos, se manifiesta una identidad con procesos del ser y del conocer. La identificación semántica permite iniciar un diálogo sobre las emociones, creencias, conocimientos e interpretaciones subyacentes.

Reflexión

Hacerse preguntas

El Modelo *Kaansafi* es una guía para mirar hacia la persona y desde la persona. Es una metáfora del sí mismo y de los otros. Es un recurso que permite orientar el intercambio consciente, creativo y constructivo con el entorno. Preguntarse a sí mismo, preguntarse con otros, compartir las preguntas.

¿Qué necesito? ¿Qué necesitas? ¿Qué falta? ¿Cómo puedo participar? ¿Qué puedo hacer? ¿Cuándo? ¿Con quién? ¿Con qué efectos?

La Estrella Octogonal símbolo de la persona como centro del desarrollo

A partir del Modelo Kaansafi los ejercicios de autoconocimiento y desarrollo se aplican llevando a cabo los siguientes pasos prácticos: (1) ubicar de forma simbólica a la persona en la estrella central, (2) identificar la acción o el tema de interés, (3) en su caso, evaluar el estado actual, señalar aspectos deseables a desarrollar en los Mundos del Ser y del Conocer y con las Sabidurías; encontrar contenidos, ambientes, prácticas y significados que lo fortalecen y hacer un plan, (4) actuar; entender, identificar, decidir, compartir, intercambiar, construir, expresar, crear. Cuando así se requiera regresar al punto (1).

Ejemplos para identificar la acción o el tema de interés.

Búsqueda de significado

Orientar la meditación, la contemplación, la visualización.

Yo en mi Ser, lo que siento, como me veo, mis emociones.

Búsqueda de la sensación de paz y de unicidad.

Actividades de reflexión

Orientar el análisis y el discernimiento

Identifico los roles en los que participo, qué siento, mis actitudes en diversos temas como se ejemplifican a continuación.

Yo en mi ser, lo que siento, como me veo, emociones, actitudes.

Yo como padre o madre, pareja, hijo o hija.

En la sociedad como profesional, ciudadano, demás expresiones sociales.

En la escuela y en la orientación vocacional: desempeño, gustos, orientaciones, logros, relación con compañeros y maestros.

En ambientes organizacionales y laborales: clima organizacional, proceso de dirección, operación, interacción e innovación.

En aspectos relacionados con los factores humanos y las competencias personales: comunicación, manejo de conflictos, integración de equipos, toma de decisiones.

CAPITULO 6

EDUCACIÓN

UNA PROPUESTA

PERFILES COGNITIVOS BÁSICOS[1]

Racionalidad

Información, clasificación, descripción, conceptos.

A Razine le gusta pensar, reunir datos de lo que ve y oye y también de lo que lee, porque ata cabos, siempre saca sus conclusiones. Busca información en todos lados, pregunta, busca en libros, navega por internet y siempre obtiene un dato nuevo.

Le gusta recopilar cosas interesantes, de hecho tiene una colección de escarabajos a los cuales clasificó por tamaño, pero a veces los cambia y los clasifica por color y otras veces encuentra alguna otra característica y los vuelve a clasificar, así le gusta jugar.

Disfruta platicar con sus maestros de ciencias y de matemáticas, posiblemente ella también va a trabajar en eso, porque le llama mucho la atención entender cómo está hecho el mundo y cómo funciona, sobre todo le encantan las ideas y las teorías.

Es una niña que le gusta explicar lo que va encontrando. También le gusta platicar con quienes saben o muestran interés por los mismos temas. Disfruta de los museos y de las zonas arqueológicas. Habla pausada, describe las cosas y va hilando las ideas de manera que haya una secuencia ordenada y sistemática. Tiene muy buena memoria y le gusta aprender y aprender.

Admira a su maestro de ética pues siempre toma decisiones pensadas, conoce las situaciones y siempre busca lo más adecuado para lo que está ocurriendo. Mucha gente se acerca a él para pedirle consejo, para solucionar algún problema o para tomar una decisión.

---

[1] De acuerdo con los tipos psicológicos descritos por Liz Greene (1986)
[2] Los instrumentos diagnósticos del Modelo Kaansafi no están incluidos en este documento.

Es soñadora, le gusta pensar en el futuro y analizar el pasado. Sus amigos la consideran buena gente, un poco tímida, pero controlada, una persona razonable, predecible, pero a veces la sienten alejada, desapegada o que está viajando por las nubes.

El lado indeseable de ser excesivamente racional
Se desespera cuando no le explican bien las cosas o cuando parece que alguien no sabe, o no saca buenas conclusiones de lo que parece obvio.

No le gustaría ser como su maestro de filosofía, porque exagera en su forma de ser, es solitario, parece que no acepta las relaciones personales cercanas y se enoja cuando alguien se deja llevar por sus emociones. Regaña a sus alumnos y les dice que las emociones son una manifestación de debilidad y que las personas emocionales son desordenadas, posesivas, manipuladoras y exigentes. De hecho el maestro llega a ser cruel con lo que dice.

Actividades en la escuela
En la escuela saben que es muy importante promover el pensamiento racional y los docentes saben que fortalecer estas habilidades requiere de un pensamiento estructurado, convergente, independiente al campo, abstracto, teórico deductivo. El pensamiento racional estructura y regula características internas de la persona así como la relación con su entorno, en aspectos como promover el pensamiento lógico, desarrollar conocimientos, organizar la experiencia. El pensamiento racional permite ubicarse en el contexto, buscar el balance entre pros y contras, identifica factores inmediatos y consecuencias futuras, se orienta a tomar la decisión que más conviene, toma en cuenta objetivos y valores. Fortalece la atención, ordena los datos recibidos por la percepción y regula las respuestas.

Actividades en los centros de trabajo
Actualización profesional. Programa de liderazgo, planeación estratégica y dirección, sesiones de evaluación y gestión de la información para la toma de decisiones, registros y bitácoras de trabajo, asesorías de toma de decisiones y manejo de conflictos. Formación de bases de datos. Actualización profesional.

Actividades en la familia

Pláticas sobre temas diversos. Se buscan fundamentos. Lo adecuado. Los criterios. Se platica sobre las consecuencias de una decisión. Se planifican, se organizan y se coordinan actividades. Se promueven lecturas, debates, análisis, intercambio de información.

Normatividad

Procedimientos, hábitos y actividad física

Norman es un buen deportista, sabe que debe ejercitar sus músculos y comer adecuadamente. Se identifica con el cuerpo, es práctico y le gusta estimular las sensaciones corporales. Realiza sus rutinas adecuadamente y trata de comer y dormir en horarios establecidos. Es una persona accesible y de buen trato. Sabe que es muy importante crear espacios y ambientes que permitan llevar a cabo la vida material, crear y organizar su trabajo, su casa. Proporcionarse y proporcionar a otros la base material y financiera para llevar a cabo la vida cotidiana de manera estable sin contratiempos y en paz. Tener normas y procedimientos para hacer una vida predecible y eficiente. Ser un buen profesional y construirse un lugar en el mundo.

El lado indeseable de ser excesivamente normativo

Su amigo el carpintero, es práctico, eficiente, con sentido común, realista, bien organizado. Pero es poco intuitivo, sólo confía en lo que alcanza a percibir. Es concreto, en ocasiones repetitivo, más bien exagera en esfuerzos y rutinas. Se pierde en laberintos de detalles. Socialmente es posesivo, se adapta a las necesidades sociales, es afecto al dinero, la seguridad, el estatus. Se angustia ante la falta de poder, siente vacío si no cuenta con cosas concretas, acumula cosas.

En la escuela ha platicado con su maestro de historia, que además es psicólogo y han aprendido que si bien la norma es indispensable para el buen funcionamiento de los grupos, un exceso de normatividad puede sofocar a otros y terminar con la creatividad y con las buenas relaciones. Platicaron sobre las dificultades que se generan por valorar sólo aquello que se percibe desde un punto de vista particular.

Norman trabaja en una oficina, pero su jefe se va a los extremos, pues es de hábitos rígidos, coercitivo, fanático, impone situaciones, duda de la capacidad de los otros y desarrolla sospechas irracionales. Es de pocas palabras, dogmático y de estrechez mental. Le molestan las disertaciones teóricas y las propuestas creativas que le parecen puras fantasías. Se atiene a la letra de la ley y se olvida de su espíritu, observa y maneja los hechos pero no encuentra conexiones entre ellos ni el significado común de las cosas. Es hipocondriaco, le teme a la enfermedad física y lleva una rígida disciplina dietética y atlética. Se enfoca demasiado en sus ganancias materiales. Así el jefe de Norman abusa y es irracional en la aplicación de la normatividad.

Actividades en la escuela

En la escuela saben que la normatividad es acción convergente, estructurada y atenta al campo, concreta, empírica inductiva. Explican que las normas se expresan a nivel biológico, personal y social y están orientadas a establecer y regular las relaciones de las personas con sí mismas, los otros y la naturaleza de manera ordenada y estructurada.

El equilibrio es muy importante para su buen funcionamiento. Un exceso o falta de los factores involucrados desencadenan problemas. Forzar y excederse es tan malo como dejar pasar y tener un déficit en su aplicación. La normatividad es práctica, medible, reproducible, evaluable y debe responder al contexto y a la realidad. Se sabe que las normas promueven conductas aprobadas y recompensadas, fomentarlas incluye realizar actividades que incluyen procedimientos y habilidades físicas que los sustentan.

Actividades en los centros de trabajo

Las personas conocen sus derechos y obligaciones.

Existen procedimientos de trabajo.

Hay capacitación profesional.

Se regula y controlan los conflictos.

Se aplica el respeto y se prohíbe el acoso.

Se generan y difunden reglas y procedimientos claros y pertinentes.

Se promueve la asertividad.

Actividades en la familia

Se clarifican actitudes aceptables e inaceptables. Se definen normas de convivencia. Se promueven: Actividades estéticas, percepción, evaluación. Actividades deportivas con reglamento. Juegos de mesa con reglamento. Reflexión sobre ética y moral. Prácticas que lleven una metodología o procedimientos para el logro de un fin significativo.

Emocionalidad

Sociabilidad y participación emotividad, interacción, grupalidad.

Emy es una joven que irradia seguridad. Siempre está buscando crear ambientes de bienestar. Cuida, apoya y entiende los sentimientos de los demás. Se preocupa por ayudar, es nutritiva y tierna. Le interesa mucho formar una familia y una relación de pareja estable. Tiene cualidades humanas como la comprensión, la compasión y la empatía. Es impredecible y reactiva, cuando habla da explicaciones vagas, poco razonables. Sus principales argumentos se basan en lo que le gusta y lo que no le gusta. A veces, sin darse cuenta, ofende a los demás con comentarios espontáneos e irresponsables.

El lado indeseable de ser excesivamente emocional

Tiene un amigo que es posesivo, exclusivista, temeroso del futuro. Al mismo tiempo, cuando siente ambientes fríos y racionales promueve reacciones emocionales en los otros, por cualquier medio, a veces con falta de principios, puede incluso provocar la ira pero así se siente más cómodo. Es efusivo, espontáneo. A veces es sumamente dramático. Se ofende y es muy sensible al rechazo. Ambos se reúnen a platicar con su orientador escolar y han identificado que un exceso de emoción irracional puede afectar la amistad, crear malestar o desconfianza, incluso caer en fanatismos ideológicos. Pueden provocar actitudes que sofocan a otras personas. Por otro lado las personas demasiado emotivas centradas en la reacción de los otros pueden enajenarse y olvidarse de sí mismas

Actividades en la escuela

En la escuela saben que la emotividad es acción divergente, espontánea y atenta al campo, empírico inductiva, concreta. Expresan que es indispensable el adecuado manejo y expresión de las emociones para un desarrollo humano sano. Trabajar con las emociones implica ser atentos, mostrar interés genuino por los demás y ser empáticos. Entender y manejar los estados de ánimo y promover la sociabilidad. Se relaciona también con las emociones, con el amor romántico, la seguridad emocional, la integración humana, esto es la formación de grupos, amigos, los vínculos con la pareja y con los hijos. El buen trato a los demás, a los animales y a las plantas, al medio ambiente en general.

Actividades en los centros de trabajo

Desarrollo de un adecuado clima organizacional.

Se promueven las actividades de interacción y conocimiento mutuo

Plan de atención a situaciones de conflicto.

Capacitación en desarrollo de factores humanos.

Reuniones para análisis de dinámica grupal.

Regulación explícita del acoso laboral.

Actividades en la familia

Buenas relaciones interpersonales.

Promoción de la comunicación.

Dedicarse tiempo e interesarse por los otros.

Reuniones familiares y convivencia.

Actividades en conjunto como viajes, organización de la vivienda, cocinar, jugar, compartir espectáculos y películas.

Pláticas personales.

Apoyo emocional.

Creatividad

Innovación, expresión artística, transformación

Creato siempre está buscando algo nuevo. Le atraen las ideas de mundos Imaginarios, de teorías trascendentes y de filosofías con significado. Le gusta pensar en el significado del pasado y crear visiones a futuro. Busca el sentido profundo de las cosas, los conceptos míticos, explora el mundo interior y la espiritualidad. Es idealista. Piensa en mundos fantásticos. Busca posibilidades, opciones, es espontáneo e imaginativo., tiene atracción por el color y las formas. Diseña, desarrolla expresiones artísticas. Encuentra soluciones a problemas, mejora lo que hay. Aporta buenas ideas para la planeación, la dirección de las personas grupos y organizaciones. Ve soluciones en donde otros no lo hacen. Muestra poca preocupación por los problemas pues sabe que se pueden encontrar soluciones.

El lado indeseable de ser excesivamente creativo

Dramatizar y ser frívolo, olvidadizo, arriesgado. Le molestan las exigencias del mundo material y se aleja y se muestra malhumorado. Se olvida de comer, vestirse, ocuparse de su cuerpo. No tiene rutinas, no le gusta sentirse limitado, gasta y dilapida el dinero, el tiempo, la energía, todo es un juego de búsqueda. No le gustan las ideas preconcebidas, se muestra insatisfecho porque la realidad siempre es inferior a sus expectativas, rompe con relaciones o actividades presentes por seguir fantasías, individualista. Muchas veces es incapaz de entender las necesidades de los otros. Llega a ser egocéntrico e irresponsable con las promesas que hace. Llega a proponer ideas que son prácticamente imposibles de aplicar.

Actividades en la escuela

En la escuela saben que la creatividad es pensamiento divergente, espontáneo e independiente al campo, teórico deductivo, abstracto. Por ello promueven actividades que fortalecen la solución de problemas, la curiosidad, el desarrollo de funciones cerebrales que apoyan el pensamiento orientado a generar ideas y propuestas novedosas. La escuela considera en sus planes de estudio los ejercicios para dar opiniones y generar expresiones artísticas espontáneas, también promueve el planteamiento de preguntas ante los retos de la vida.

Actividades en los centros de trabajo

Búsqueda del mejoramiento continuo.

Búsqueda de solución de problemas.

Recuperación de las experiencias de trabajo.

Incorporación de tecnologías y conocimientos al proceso de trabajo.

Círculos de calidad.

Políticas de puertas abiertas al dialogo y a las propuestas.

Actividades en la familia

Buen ambiente de convivencia. Juegos libres. Ambiente de propuestas.

Buen humor. No poner reglas innecesarias.

Escuchar opiniones y propuestas.

Participar en la decoración de espacios de la casa.

Actividades y pláticas libres y espontáneas.

Jugar, bromear, divertirse.

La educación integrada y el desarrollo humano

El Modelo Kaansafi promueve en la educación, de todos los niveles, la incorporación de actividades correspondientes a cada una de las funciones del Modelo de acuerdo con la edad, intereses y desarrollo de los estudiantes.

En muchas ocasiones después de 12 años de estudios, en muchos estudiantes no están firmes los logros para Saber Pensar, Saber Hacer, Saben Relacionarse y Saber Innovar. Esta situación debe ser remontada enfocando la educación formal e informal hacia el desarrollo humano.

El plan de estudios de acuerdo con el Modelo Kaansafi no se centra en un temario de campos disciplinares tradicionales como matemáticas, ciencias sociales, ciencias biológicas, historia, física, etc.; el Plan de Estudios Kaansafi se centra en organizar las actividades para fortalecer en primer lugar las funciones básicas (razón, creatividad, normatividad, emotividad), a partir de las cuales se trabajarán las funciones complejas (conceptualización, transformación, producción, interacción), con el fin de lograr construir los saberes: Saber Pensar, Saber Hacer, Saber Relacionarse y Saber Innovar. Los temas disciplinares se subordinan a estos objetivos.

La educación a partir del Modelo Kaansafi es integradora de conocimientos, ambientes, prácticas y significados con fundamentos biológicos, epistemológicos y psicosociales.

Contenidos del Plan de Estudios Kaansafi
Actividades para la educación y el desarrollo

"Se ejemplifican actividades de manera enunciativa más no limitativa".

Razón e información
Actividades propuestas

Programa de lógica científica, físico matemática y comprensión de lectura. Se aprende el método científico, los procesos de comprensión de la física y la matemática, se analizan textos y se obtienen conclusiones. Se incluyen otras actividades para promover el pensamiento racional

Programa de taxonomía: donde los alumnos observan objetos, animales o plantas, identifican y los ordenan según sus similitudes y diferencias. Pueden también escribir un informe y presentarlo. Todo esto fortalece la atención focalizada, el conocimiento del medio, conceptos de la realidad, estructura el lenguaje escrito y hablado. Programa de autoconocimiento: promover la conciencia interna de la persona, la autoobservación, el autocontrol.

Programa de solución de problemas y toma de decisiones: desarrollo de secuencias de causa y efecto. Estrategias de respuesta a los retos, adaptación al contexto, se fomenta la conciencia interna de la persona, la autoobservación, el autocontrol, la búsqueda de información, contextualización, jerarquización, la definición de principios y valores y el análisis crítico.

Programa de argumentación: en donde se desarrolla la expresión verbal y escrita fundamentada y convincente.

Programa de planeación: elaboración de planes, programación y evaluación.

En todos ellos se aplica la lógica a eventos concretos. Se promueve el pensamiento deductivo, el discernimiento, la clasificación, se desarrollan secuencias de causa y efecto. Estas habilidades pueden ser utilizadas para profundizar en el entendimiento de temas o para la búsqueda de soluciones a problemas específicos como los que se ejemplifican a continuación.

Taller de Justicia. Se trata de que los participantes asuman un rol de autoridad: se plantea una situación o problema que los participantes toman para analizar. El participante utiliza un estilo reflexivo y tiende a dar orientación. Aplica la lógica, es objetivo y calmado. Identifica si tiene suficiente información para comprender la situación si no es así, la busca. Es un observador, de la información del mundo. Identifica alternativas, construye memoria, observa la realidad y busca tomar la decisión más adecuada para la situación. Reconoce datos y propone caminos a seguir.

Taller de Dignidad. En estas actividades los participantes analizan las acciones que afectan negativamente y desarticulan la inteligencia racional, por ello investigan y argumentan sobre la corrupción, los prejuicios, los estereotipos, el racismo, la violencia, la falta de empatía y sus efectos sobre la vida personal y social.

Procedimientos, secuencias de acción, hábitos, normas
Actividades propuestas

Área norma y sociedad

Programa de sociología: en donde se hace énfasis en el ámbito social, las normas como acciones sistemáticas, fundadas y metódicas de la realidad. Su importancia en la reproducción y sistematización de las disposiciones de las acciones. Se Identifican normas que establecen condiciones para un orden en la vida cotidiana. Se entiende que las normas son creadas por cada grupo humano y sirven a la vez de instrumento para la acción. Que no deben ser arbitrarias, es decir, deben ser racionales: responder a la realidad, tener razones suficientes para limitar una acción que afecta el bienestar del grupo y de los individuos.

Taller el cuerpo humano, sexualidad, género y sus expresiones. Características, desarrollo, formas, culturas, promoción del respeto. Prejuicios, estereotipos, acoso, violencia, racismo.

Programa básico de derecho: en el cual se analizan y se conocen las leyes, derechos y obligaciones de las personas, los derechos humanos, ambientales. Se estudian las bases de la normatividad social.

Normas legales.

Derechos y deberes.

Compromisos. Procedimientos.

Tradiciones y costumbres.

Se subraya que los estereotipos, los prejuicios y la corrupción distorsionan al sistema normativo.

Área norma y desarrollo personal

Programa de ética y moral. Comportamientos morales, compromisos. La definición de la ética personal. Moral racional e irracional. Los estereotipos, los prejuicios y la corrupción. Existen normas morales (el ser tiene criterio para actuar), racionalistas (razón y reflexión), empiristas (producto de la experiencia) y voluntaristas (del criterio personal). Se incluye aquí la moral, los juicios del bien y del mal, autoevaluaciones, evaluación de los otros y del entorno. Se estructuran los ideales del deber ser, lo que debe ser aprobado y lo que debe ser rechazado. Libertad, decisiones personales y responsabilidad.

Programa de apreciación artística: desarrollar la percepción estética. Identificar la estructura del arte, sus métodos, géneros, características de época y normas de cada estilo artístico.

Área el cuerpo y su normatividad

Programa de percepción. Estimulación de los órganos de los sentidos sabor, olor, sonido o imagen, qué es, a qué se parece, cómo puede llegar a comprobarlo. Identificación de forma, peso, tamaño, textura, color, temperatura de los objetos. Fortalece al aprendizaje, regula la atención y se orienta a ordenar los datos recibidos por la percepción.

Programa de nutrición y salud. Conocimiento y debates sobre el funcionamiento del cuerpo y procesos de salud enfermedad y su relación con hábitos y comportamientos. Temas de ciclos circadianos, regulación corporal, nutrición, hábitos personales. Definición actitudes personales ante los procesos de salud. Control del apetito y de las respuestas emocionales a la comida. Percepción, pensamiento, autoconciencia. Comportamiento social.

Deportes y acondicionamiento físico. Práctica deportiva conociendo y acatando la normatividad. Esfuerzo personal y trabajo en equipo. Regulación de la fortaleza musculo esquelética. Regulación de la motricidad Control de la actividad de la musculatura manteniendo el tono.

Fortalecimiento de habilidades corpomotrices

Programa de arte.

Música, teatro, baile, modelaje, escultura.

Programa de oficios.

Carpintería, electricidad, electrónica.

Programa de habilidades de laboratorio:

Desarrollar habilidades y procedimientos técnico científicos relacionados con áreas como: programación, robótica, experimentación en química, biología, física.

Desarrollo psicocorporal

Ejercicios de percepción de sí mismo y del medio ambiente

Percepción y orientación espacial.

Consciencia de la posición personal, de las partes del cuerpo con respecto a lo que lo rodea.

Ejercicios de conciencia del movimiento personal.

Equilibrio.

Precisión de movimientos.

Reflejos inconscientes.

Control motor somático.

Ejercicios de movimientos finos.

Integración de los órganos de los sentidos, el espacio y las funciones motoras.

Realizar cálculos espaciales.

Atención dirigida a movimientos precisos.

Realizar movimientos con objetos y secuencias lógicas que conducen a una finalidad.

Aplicar el tiempo exacto para realizar movimientos coordinados y suaves.

Emociones, sociabilidad y participación
Actividades propuestas

Programa de conocimiento de emociones. Conocimiento y expresión de las emociones, identificación, familiarización. Construcción de confianza, regulación en la manifestación de impulsos de alimentación, sexualidad, agresión. Expresión de necesidades y deseos. Orientación según placer o disgusto. Variabilidad de expresiones emocionales, comportamientos orientados a lo inmediato y a lo impulsivo. Amistad, amor, afecto. Estados de ánimo, miedo, ira o agresión. Motivación. Identificación de peligros y agresiones.

Programa de relaciones interpersonales. Se tratan temas como seguridad personal, sensación de bienestar. Sentido de realidad. El humor, el sistema del placer y tranquilidad, sentimientos de gozo y refuerzo. Se trabaja con el concepto de motivación para impulsar a una persona proactivamente para realizar ciertas actividades. Se trata la importancia de la sociabilidad y las relaciones interpersonales. Está orientado a entender las expresiones de amistad y amor, sexualidad, empatía, colaboración, manejos de conflictos, prevención, detección y tratamiento de violencia.

Programa de empatía y asertividad. Ejercicios de asertividad, identificación de conductas agresivas, sumisas y asertivas. Percepción, reacción y comportamiento relacionado con: mediación y control, expresión, manifestación, procesamiento de emociones.

Prácticas

De servicio y atención; visita a lugares en los cuales se requieran actividades de apoyo y cuidado de otros. Se orienta hacia lo sentimental, muestra compasión, busca compañía y hay habilidades de empatía. Busca aceptación y unión con otros.

Cuidado de plantas y animales. Se promueven actividades y adopción en la vida cotidiana de plantas y animales a los que se proporcionan los cuidados necesarios. Se proporciona asesoría, se dialoga sobre lo que ocurre en la vida cotidiana.

De festejos y bailes, reuniones comidas, convivencia, asistencia a juegos deportivos, a presentaciones de baile y otras manifestaciones artísticas.

Creatividad, innovación, expresión artística.
Actividades propuestas

Programa de creatividad: se promueven las herramientas para fortalecer la creatividad como la imaginación y la intuición, el juego, la libertad, la metáfora y el símbolo. Se fomenta la visualización de condiciones distintas de la realidad y la construcción de mundos diferentes.

Programa de redacción fantástica: se impulsa la redacción de textos y guiones de carácter fantástico a través de ideas Intuitivas, adaptativas y búsqueda de alternativas. Se desarrollan fantasías y deseos.

Programa de prospectiva, opinión y solución de problemas: identificación de situaciones o problemas personales, grupales o sociales, imaginar escenarios a futuro, lluvia de ideas para solución de problemas.

Programa de artes y expresión libre: a diferencia de la estructura preestablecida de las artes formales se promueve la expresión libre y espontánea en las distintas manifestaciones artísticas.

EJERCICIOS DE IDENTIFICACIÓN
Estilos cognitivos y predominio vocacional

La identificación del perfil vocacional se alcanza mediante la aplicación de ejercicios[2] para obtener preferencias por áreas de conocimiento y por tipo de actividad. Los resultados se grafican para una comprensión con mayor nitidez visual y se hace una propuesta sobre las áreas profesionales afines. Se entabla con el estudiante un diálogo sobre sus estilos cognitivos, intereses de estudio y trabajo, así como gustos y valores en su vida personal, social y laboral. Se analizan también las alternativas que ofrece su entorno. Este proceso le permite obtener datos que le apoyan para tomar decisiones sobre su proyecto de vida, orientación vocacional, posible área de empleo y actividad profesional.

EJEMPLOS DE RESULTADOS DIAGNÓSTICOS PARA IDENTIFICAR PREFERENCIAS VOCACIONALES Y PROFESIONALES

EJEMPLO 1. RESULTADOS DE GREGORIO

Generación de informe

Los informes gráficos se generan a partir de los resultados de los ejercicios diagnósticos. Se acompañan de un análisis cuantitativo y cualitativo.

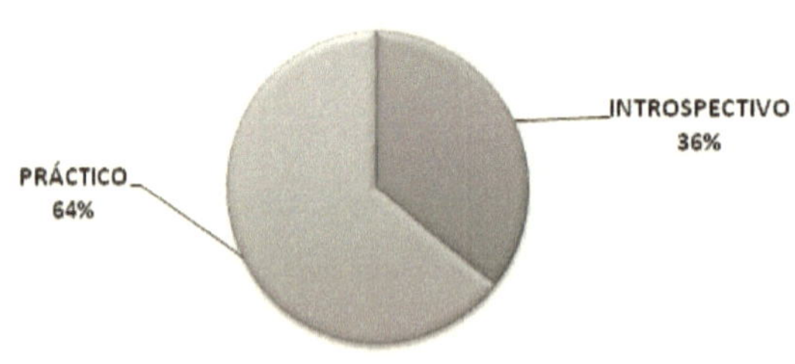

---

[2] Los instrumentos diagnósticos del Modelo Kaansafi no están incluidos en este documento.

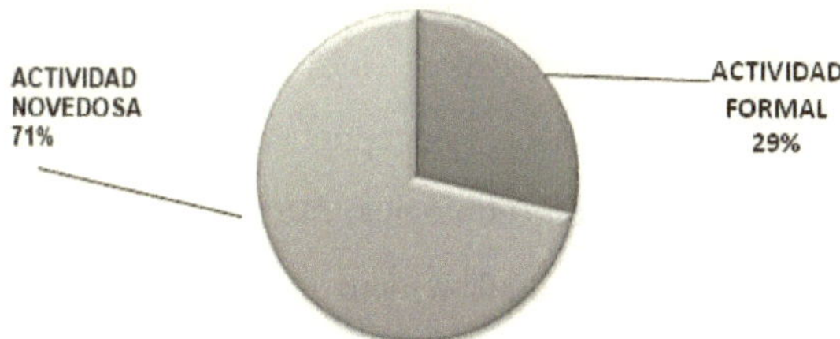

Gregorio muestra un mayor interés por las actividades prácticas y por conocimiento que sea original, nuevo y creativo. Estas características incorporadas a las categorías del Modelo Kaansafi hacen evidente el predominio por las áreas de Innovación (BC) y de Relaciones Socioambientales (CD).

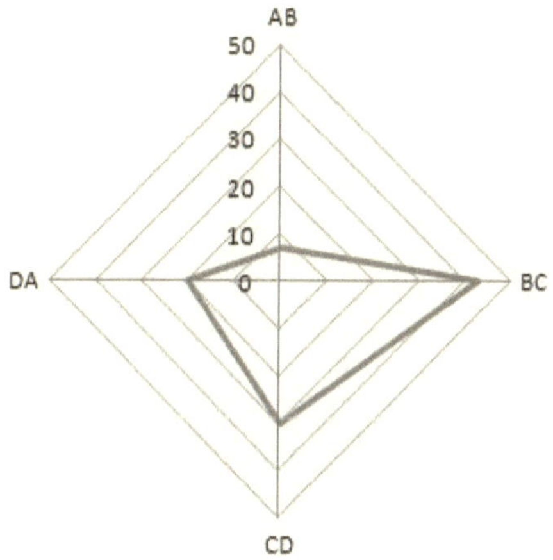

AB. Conocimiento teórico conceptual.

BC. Innovación

CD. Interacciones Socioambientales

DA. Práctica formal y procedimientos de operación.

Identificación de preferencias vocacionales. Esto nos orienta para definir las áreas de estudio profesionales que son afines a su perfil. En orden de mayor a menor importancia se señalan las áreas preferentes.

Preferencia 1. BC. Innovación y desarrollo. Posibles actividades profesionales: diseño, comunicación, negocios, artes. Preferencia 2. CD. Interacción socioambiental. Posibles actividades profesionales: biología, antropología, pedagogía, comercio, psicología. Preferencia 3. AB. Conceptualización. Posibles actividades profesionales: ciencias, filosofía, dirección estratégica, planeación. Preferencia 4. DA. Prácticas formales. Posibles actividades profesionales: medicina, enfermería, química, administración.

Reflexión y toma de decisiones A partir de los resultados obtenidos se hace una reflexión y análisis de las alternativas. Se orienta y se ofrecen bases para que finalmente el estudiante tome las decisiones más adecuadas a sus preferencias y posibilidades.

EJEMPLO 2. RESULTADOS DE JULIA
De acuerdo con los ejercicios diagnósticos que se aplicaron, se grafican los resultados. Se presentan las tendencias vocacionales, incluyendo preferencias por el tipo de estudios, manejo de conocimientos y actividades relacionadas.

Preferencias de Julia
Primera preferencia. AB. Conocimientos y actividades relacionados con la introspección. Orientados a la Conceptualización. Caracterizados por pensamiento teórico deductivo, abstracto, independiente al campo. Segunda preferencia. BC. Conocimiento y actividades originales. Orientados a la innovación. Caracterizados por pensamiento flexible, espontáneo, divergente. Libre e inesperado. Es conocimiento nuevo y propositivo. Tercera preferencia. CD. Conocimientos y actividades derivados de la experiencia. Orientados a la interacción socioambiental. Caracterizados por pensamiento empírico inductivo, práctico, concreto, atento al campo. Cuarta preferencia. DA. Conocimientos y actividades relacionadas con la práctica formal. Orientadas a las actividades prácticas. Caracterizados por pensamiento estructurado, ordenado, convergente. Preestablecido y predecible. Es conocimiento rutinario.

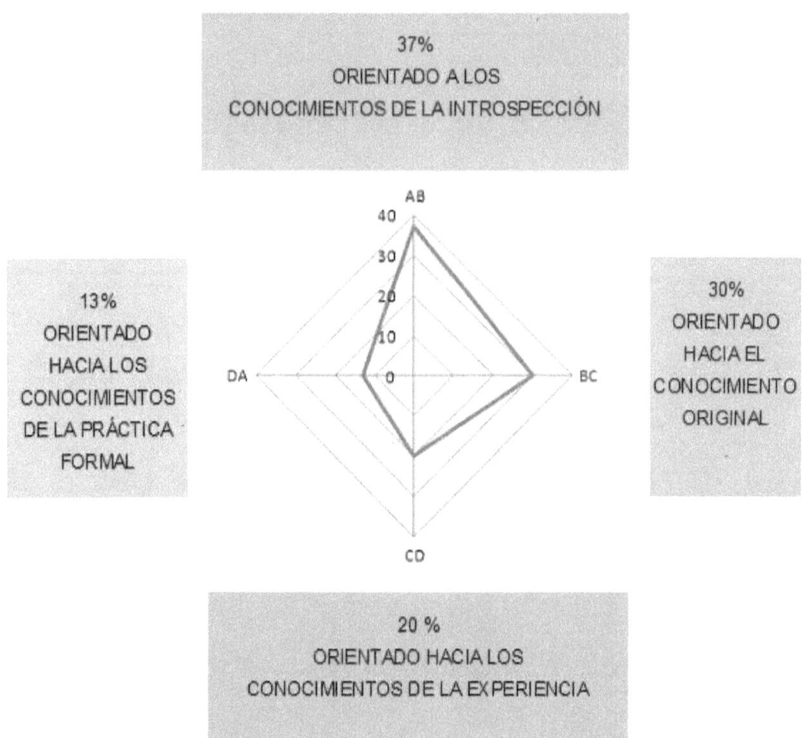

En función de ello se hace una propuesta fundamentada sobre las áreas de mayor compatibilidad. Esto permite al estudiante tener elementos para tomar decisiones en torno a sus estudios profesionales.

En el caso de Julia observamos un predominio del área de conceptualización, seguida por innovación y una expresión menor por las relaciones socioambientales y la práctica formal. Esto permite definir opciones vocacionales.

Primera opción vocacional. AB. Conceptualización. Ciencias, filosofía, dirección estratégica, planeación. Segunda opción vocacional. BC. Innovación y desarrollo. Diseño, comunicación, negocios, artes. Tercera opción vocacional. CD. Interacción socioambiental. Biología, antropología, pedagogía, comercio, psicología. Cuarta opción vocacional. AD. Prácticas formales. Medicina, enfermería, química, administración.

De esa manera con base en ejercicios, gráficos, diálogo y reflexión obtenemos un acercamiento a las preferencias vocacionales y laborales de los participantes y se encauza la toma de decisiones fundamentadas y significativas.

LISTADO DE PROGRAMAS DE ESTUDIOS PROFESIONALES[3]

PROGRAMAS ORIENTADOS A LA INTROSPECCIÓN

Racionalidad-conceptualización-creatividad

Actividades relacionadas con Saber Pensar.

A manera de posibles actividades profesionales afines se exponen los siguientes ejemplos.

Ciencias biológicas, químicas y de la salud

Ciencias Genómicas

Farmacia

Física

Investigación Biomédica Básica

Química

Ciencias físico-matemáticas e ingenierías

Actuaría

Ciencia de Materiales Sustentables

Ciencias de la Computación

Geociencias

Matemáticas

Matemáticas Aplicadas

Matemáticas Aplicadas y Computación

Nanotecnología

Ciencias sociales

Derecho

---

[3] De acuerdo con la oferta académica de pregrado ofrecida por la Universidad Nacional Autónoma de México (UNAM).

Estudios Latinoamericanos

Economía

Geografía

Informática

Planificación para el Desarrollo Agropecuario

Relaciones Internacionales

Sociología

Humanidades y artes

Administración de Archivos y Gestión Documental

Bibliotecología y Estudios de la Información

Filosofía.

Geohistoria.

Historia.

Lengua y literatura

PROGRAMAS ORIENTADOS A LA ESTRUCTURA
Racionalidad-práctica formal-normatividad

Actividades profesionales relacionadas con Saber Hacer.

A manera de posibles actividades profesionales afines se exponen los siguientes ejemplos.

Ciencias biológicas, químicas y de la salud

Bioquímica Diagnóstica

Ciencias Agrogenómicas

Ciencias Ambientales

Ciencia Forense

Cirujano Dentista

Enfermería

Enfermería y Obstetricia

Fisioterapia

Optometría

Ecología

Manejo Sustentable de Zonas Costeras

Medicina

Medicina Veterinaria y Zootecnia

Nutrición

Química de Alimentos

Química Farmacéutico Biológica

Química Industrial

Ciencias físico - matemáticas e ingenierías

Física Biomédica

Ingeniería Agrícola

Ingeniería Civil

Ingeniería de Minas y Metalurgia

Ingeniería Eléctrica Electrónica

Ingeniería en Alimentos

Ingeniería en Computación

Ingeniería en Energías Renovables

Ingeniería en Sistemas Biomédicos

Ingeniería en Telecomunicaciones

Ingeniería en Telecomunicaciones, Sistemas y Electrónica

Ingeniería Geofísica

Ingeniería Geológica

Ingeniería Geomática

Ingeniería Industrial

Ingeniería Mecánica

Ingeniería Mecánica Eléctrica

Ingeniería Mecatrónica

Ingeniería Petrolera

Ingeniería Química

Ingeniería Química Metalúrgica

Tecnología

Tecnologías para la Información en Ciencias

Ciencias sociales

Administración

Administración Agropecuaria

Ciencias Políticas y Administración Pública

Contaduría

Derecho. Actividades prácticas, litigante

Economía Industrial

Humanidades y artes

Música - Canto

Música - Instrumentista

Música – Piano

Teatro y artes escénicas

Baile y danza

Deportes, educación física

Pintura, escultura, artes plásticas

Actividades profesionales

Piloto aviador

Actividades técnicas

Oficios (carpintería, herrería, etc.)

PROGRAMAS ORIENTADOS A LAS INTERACCIONES

Normatividad-relaciones socioambientales-emotividad

Actividades profesionales relacionadas con Saber Relacionarse.

A manera de posibles actividades profesionales afines se exponen los siguientes ejemplos.

Ciencias biológicas, químicas y de la salud

Biología

Ecología

Psicología

Ciencias físico - matemáticas e ingenierías

Geociencias

Ciencias sociales

Antropología

Comunicación

Comunicación y Periodismo

Desarrollo Comunitario

Estudios Sociales y Gestión Local

Ventas

Humanidades y artes

Desarrollo y Gestión Interculturales

Enseñanza de lenguas

Etnomusicología

Música - Educación Musical

Pedagogía

Relaciones públicas

Teatro y Actuación

Creatividad-práctica flexible-emotividad

Actividades profesionales relacionadas con Saber Innovar

A manera de posibles actividades profesionales afines se exponen los siguientes ejemplos.

Ciencias biológicas, químicas y de la salud

Gastronomía

Ciencias físico - matemáticas e ingenierías

Diseño Industrial

Arquitectura

Arquitectura de Paisaje

Urbanismo

Ciencias sociales

Ciencias de la Comunicación

Desarrollo Territorial

Negocios

Humanidades y artes

Arte y Diseño

Artes Visuales

Cinematografía

Fotografía

Diseño Gráfico

Diseño y Comunicación Visual

Historia del Arte

Literatura Dramática y Teatro

Literatura Intercultural

Música – Composición. Música y Tecnología Artística

CAPITULO 7

SALUD

SISTEMAS ONTOEPISTÉMICOS

SISTEMAS DEL SER Y DEL CONOCER

En las personas se desarrollan y se expresan tres sistemas del Ser y del Conocer. Estos sistemas, aunque diferenciados, actúan en estrecha relación. En el Modelo Kaansafi se les identifica como Sistemas Ontoepistémicos.

Los Sistemas Ontoepistémicos del Modelo Kaansafi son:

Sistema Corpomotriz

Sistema de Intercambio con el medioambiente

Sistema Sensocognitivo

Sistema Corpomotriz. Es todo aquello que conforman los distintos órganos y sus funciones. Es la base de la vida. Es el origen del movimiento y la acción. Es un sistema organizado que lo diferencia físicamente de su entorno. La actividad del cuerpo tiene sus propias pautas, ritmos y normas de subsistencia, entre estas normas está la homeostasis, es decir la búsqueda de un equilibrio dinámico y la permanencia de sus funciones dentro de parámetros vitales fuera de los cuales este sistema empieza a mal funcionar, desordenarse e incluso llega a desaparecer.

Sistema de Intercambio con el medioambiente. Es una interacción que señala que, como ente, el ser humano no es un sistema cerrado, aislado, sino que participa de una relación de influencia mutua con el medio que lo rodea. En este aspecto las interacciones son de tipo fisicoquímico, biológico, emocional, sociocultural y espiritual. Todos estos aspectos participan al unísono. Las características y los resultados de las interacciones tendrán su expresión particular dependiendo de las experiencias de cada persona o sociedad, de la manera de procesarlas y del contexto de las mismas.

Sistema sensocognitivo. Son las funciones sensoriales, perceptivas y cognitivas. Es el conocimiento de sí mismo, del mundo, de proyecciones y construcciones conceptuales. Esto implica las formas cómo la experiencia es percibida, memorizada, entendida y utilizada. Estas funciones implican allegarse de información, ordenarla, guardarla, darle significado, combinarla, aplicarla y desarrollarla. Es descubrir mundos que sólo son accesibles a través de la mente.

Bases embriológicas

Los Sistemas Ontoepistémicos se inspiran en el origen embriológico de las estructuras y funciones del cuerpo y se adaptaron a los conceptos del Modelo Kaansafi.

Desarrollo del embrión

El embrión humano, inicia con una célula fecundada que se replica. En el proceso las nuevas células se agrupan, se diferencian y especializan, a este proceso se le llama organogénesis o somatogénesis. A partir de ello se forman tres estructuras diferenciadas que van a dar origen a todos los componentes del cuerpo. Estas tres estructuras son: el endodermo, es decir, la capa interior, el mesodermo, la capa intermedia y el ectodermo, la capa exterior.

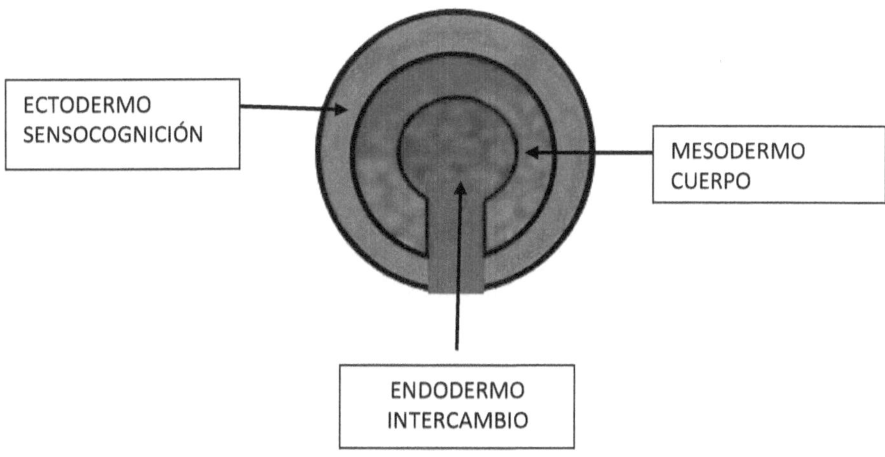

CUERPO

Estructura, movimiento, postura, fuerza y orden.

Aquí se agrupan los órganos y funciones que forman el cuerpo: huesos, músculos, el corazón, la sangre y vasos sanguíneos, los pulmones, el tejido graso, cartílagos, los riñones, las gónadas, la corteza de la glándula suprarrenal y el bazo. Derivan principalmente del mesodermo. A estas funciones el Modelo Kaansafi las integra en el Sistema Corpomotriz.

RELACIÓN CON EL ENTORNO

Intercambio físico con el medio externo

Cuando se forma el cuerpo, no queda totalmente encerrado en sí mismo, sino que mantiene tubos que permiten que diversos elementos externos entren y productos del cuerpo salgan. Estas estructuras están relacionadas principalmente con el endodermo. Hacia el interior el intercambio afecta el funcionamiento corporal y cognitivo y hacia el exterior impacta al medio ambiente. A partir de estas extensiones del medio ambiente en el cuerpo, el organismo respira, se nutre, expulsa los productos de su actividad y se reproduce. Los tubos que permiten al organismo vivir por el contacto con el medio ambiente son: el tubo digestivo, el árbol respiratorio; el sistema urinario, el sistema reproductor. Las actividades biológicas de intercambio físico y su impacto en el ser humano están influenciadas por la calidad de la estructura de estos tubos, sus funciones, los microorganismos que las pueblan y por los productos provenientes del entorno. En el Modelo Kaansafi, estas estructuras y sus funciones son incorporadas al concepto de Sistema de Intercambio.

CONOCIMIENTO

Sensibilidad, percepción e información

Del ectodermo deriva el sistema nervioso que incluye al cerebro, el cerebelo, la médula espinal, todos los nervios del cuerpo. También derivan las capas más externas de los órganos de los sentidos: la piel, los ojos, la nariz, el oído y la boca, así como las glándulas subcutáneas y mamarias, la hipófisis y el esmalte dental.

En el Modelo Kaansafi este conjunto de funciones y estructuras da origen a la sensibilidad, la percepción, la transmisión y proceso de información y la construcción de conocimiento por lo que se incorporan al Sistema Sensocognitivo.

FORTALECIMIENTO DE LA SALUD

LOS SISTEMAS ONTOEPISTÉMICOS Y LA SALUD

Cada Sistema Ontoepistémico tiene funciones, problemas a prevenir y riesgos de salud característicos. En cada uno de ellos es posible intervenir para fortalecerlo y realizar actividades de prevención o tratamiento.

SISTEMA SENSOCOGNITIVO

Sensibilidad, percepción y conocimiento

Fundamento de su función: se basa en procesos de comunicación y conocimiento: sensibilidad, percepción, transmisión, procesamiento de la información, interpretación, construcción, valoraciones y aplicaciones.

Problemas a prevenir: pérdida de percepción, sensibilidad, factores que afectan el procesamiento de información: percepción, recepción, transmisión, almacenamiento, memoria, uso, disponibilidad, oportunidad, pertinencia. Golpes, violencia. Agotamiento. Mala nutrición. Mala oxigenación. Estrés.

Actividades para fortalecerlo: fomentar procesos y ambientes para la percepción, la adquisición y procesamiento de información, actividades de aprendizaje. Proporcionar oxígeno y nutrición adecuada.

SISTEMA CORPOMOTRIZ

Estructura, energía, expansión, retracción, equilibrio y regulación.

Fundamento de su función: estructura, función, fortaleza, orden y desarrollo del cuerpo físico. Movimiento, postura, precisión, regulación, ciclos biológicos, restauración.

Problemas a prevenir: debilidad, pérdida de control, rigidez, flacidez, parálisis, degeneración. Exceso o falta de peso corporal. Metabolismo inadecuado. Exceso o falta de actividad. Oxidación. Agresiones contra la integridad física. Accidentes. Estrés.

Actividades para fortalecerlo: hábitos adecuados, actividades, nutrición adecuada y equilibrada, manejo del estrés, antioxidación, desintoxicación.

SISTEMA DE INTERCAMBIO.

Relación con el entorno. Intercambio físico con el medio externo.

Fundamento de su función: intercambio de sustancias entre el cuerpo y el medio ambiente social y natural. Se basa en la entrada y salida de productos y sustancias entre el cuerpo y el medio externo. Es vital para la sobrevivencia y estado de salud del cuerpo y de las funciones cognitivas. Nutrición, oxigenación, excreción, reproducción.

Problemas a prevenir: infección, inflamación, obstrucción, ulceración, corrosión, laceración, intoxicación, irritación deshidratación, quemaduras, constricción. Espasmo, reacciones alérgicas, ardor y comezón. Medio ambiente extremo, contaminación del aire, agua y alimentos. Insecticidas. Afectación de los microorganismos que conforman la biota normal de los distintos espacios del cuerpo. Estrés. Vómito, náuseas. Colitis, gastritis, otros problemas del sistema digestivo

Actividades para fortalecerlo: buen suministro de aire, agua, nutrientes, higiene, organismos prebióticos. Libre tránsito en el intercambio entre el cuerpo y el medio ambiente.

AFECTACIONES A LA SALUD

PADECIMIENTOS RELACIONADOS CON EL SISTEMA SENSOCOGNITIVO

Problemas de salud en el sistema sensocognitivo y las cuatro funciones que lo integran: racionalidad, creatividad, emocionalidad y normatividad.

PADECIMIENTOS RELACIONADOS CON LAS FUNCIONES RACIONALES

Estos padecimientos se ubican en el Centro Integrador del Conocimiento Racional (A) relacionado fundamentalmente con el hemisferio izquierdo del cerebro. Afectan también las funciones de conceptualización y práctica formal.

Trastorno por déficit de atención/hiperactividad (TDAH).

Inhibición de la actividad cerebral.

Trastornos de la razón y demencia.

Incoherencias.

Autismo.

Deterioro de habilidades cognitivas como la atención, la memoria y habilidad espacial.

Pérdida del lenguaje.

Planificar, pensar, organizar los datos en exceso.

Falta de atención.

Aprendizaje bajo.

Enfermedades de la cognición.

Alzheimer.

PADECIMIENTOS RELACIONADOS CON LAS FUNCIONES CREATIVAS

Estos padecimientos se ubican en el Centro Integrador del Conocimiento Creativo (D) relacionado fundamentalmente con el hemisferio derecho del cerebro. Afectan también las funciones de conceptualización y práctica espontánea.

Histrionismo.	Fantasías.
Obsesiones.	Impredecible.
Ideas Criminales.	Cambiante.
Perturbaciones.	Dificultades con la realidad cotidiana.
Comportamiento desastroso.	Sacrificio por causas superiores.
Ruptura con la realidad.	Irrealidad.
Ilusión de perfección.	Quimeras.
Irrealidad.	Falsas realidades.
Confusión.	Locura.
Huida de la vida.	Esquizofrenia.
Dependencias.	Delirio.
Episodios psicóticos.	Incongruencia.

Resentimientos, ideaciones, obsesiones, fijaciones, creencias.

Actitudes testarudas, inflexibles, obstinadas, sin cambios.

Estancamiento.

Sin creatividad.

Sin alegría, negación de vida, no asimila lo nuevo, incertidumbre.

Huida, auto negación, auto ataque, autocrítica, vida rechazo, futuro sombrío.

Dar por reales ideas imaginarias. Creencias mágicas.

Egocentrismo. Creencias personales aplicadas a otros.

Animismo.

Falta de concentración.

Catalepsia.

PADECIMIENTOS RELACIONADOS CON LAS FUNCIONES EMOCIONALES

Estos padecimientos se ubican en el Centro Integrador del Conocimiento Emocional (C) relacionado fundamentalmente con el sistema límbico. Afectan también las funciones de la práctica espontánea y las interacciones.

Provocar conflictos.

Manipulación emocional.

Sentido de no pertenecer.

Dificultades para la intimar y el compromiso.

No alcanzar a construir una individualidad.

Traicionarse a sí mismo.

Incomodidad en la soledad.

Falta de control de las respuestas emocionales.

Tristeza, angustia, ansiedad.

Depresión, ganas de llorar sin motivo aparente.

Miedo, preocupación, tensión.

Inseguridad, incertidumbre, desconfianza.

Aislamiento, soledad.

Egocentrismo.

Falta de empatía

Exigencia irracional.

Agresividad.

Irritabilidad constante.

Sentimientos y ataques de ira.

Falta de sentido del humor.

Dependencia a sustancias.

PADECIMIENTOS RELACIONADOS CON LAS FUNCIONES NORMATIVAS

Estos padecimientos se ubican en el Centro Integrador del Conocimiento Normativo (D) relacionado fundamentalmente con el sistema reticular. Afectan también las funciones de la práctica formal y las interacciones.

Conductas y actitudes

Narcisismo.

Compulsión.

Violencia.

Criminalidad.

Vida ritual y ceremonial sin sentido.

Tradicionalismo a ultranza.

Estereotipos.

Prejuicios.

Corrupción.

Transgresión irracional a las normas establecidas.

Obsesiones y conductas compulsivas.

Paranoia.

Bipolararidad y otros en los que los trastornos circadianos están involucrados.

Dependencias.

Trastornos de la alimentación.

Obesidad.

Cambios en el apetito.

Trastornos en la autopercepción corporal que lleva a la bulimia y anorexia.

Efectos sobre otras personas

Provocar o ejercer dependencia.

Obediencia irracional.

Servilismo.

Trastornos de ansiedad.

Afectación de las funciones complejas

Como se puede observar las funciones complejas pueden estar afectadas por las funciones básicas que las sustentan.

La conceptualización es afectada por problemas de racionalidad y de creatividad.

La actividad transformadora es afectada por problemas de creatividad y emotividad.

Las interacciones son afectadas por problemas en la normatividad y en las emociones.

La práctica formal es afectada por problemas en la racionalidad y en la normatividad.

A Problemas racionales	AB Afectación del pensamiento conceptual	B Problemas de la imaginación
DA Afectación de la práctica formal	Afectación del sistema	BC Afectación de la práctica flexible
D Problemas físico normativos	CD Afectación de las relaciones socioambientales	C Problemas emocionales

PADECIMIENTOS RELACIONADOS CON EL SISTEMA CORPOMOTRIZ

Órganos y sistemas relacionados con el sistema corpomotriz.

Sistema músculo esquelético. Tejidos conjuntivos o conectivos: fibras colágenas, elásticas y reticulares. Piel profunda, músculos, esqueleto, cartílagos, ligamentos. Columna vertebral. Tejido adiposo. Corazón: miocardio.

Sistemas circulatorio y linfático: vasos sanguíneos (excepto coronarias), vasos linfáticos. Bazo. Amígdalas. Timo.

Glándulas hormonales: tiroides, paratiroides, ovarios, testículos.

Riñón: parénquima renal, corteza suprarrenal.

Recubrimientos viscerales sin salida al exterior: bolsas abdominales y torácicas - pleura, pericardio, peritoneo-.

El sistema corpomotriz está en íntima correspondencia con la casilla D Normatividad y está relacionado con problemas de estructura, movimiento, postura, fuerza y orden, así como con trastornos del ritmo circadiano, desórdenes del sueño, de los ciclos hormonales, sexuales y reproductivos y con padecimientos sistémicos y crónicos degenerativos.

Trastornos músculo esqueléticos

Golpes, lesiones, fracturas.

Trastornos posturales.

Contracción, rigidez o relajación excesiva de músculos.

Diminución de la fuerza física.

Enfermedad degenerativa de tipo neuromuscular, parálisis y atrofia muscular.

Esclerosis lateral amiotrófica,

Corea de Huntington,

Enfermedad de Parkinson.

Encefalomielitis y esclerosis múltiple.

Fibromialgia.

Artritis.

Trastornos del ritmo circadiano

Desórdenes del sueño. Somnolencia, insomnio.

Trastornos de la alimentación.

Desordenes de los ciclos hormonales, sexuales y reproductivos.

Problemas sistémicos

Diabetes.

Problemas renales, del hígado y de la vesícula biliar.

Cáncer.

Cambios en la temperatura corporal.

Vómito, náuseas.

Colitis, gastritis, otros problemas del sistema digestivo.

Deficiencia inmunológica y sus enfermedades.

Afectaciones cardiovasculares

Vasoconstricción e isquemia en los vasos sanguíneos tanto en cerebro como en corazón.

Cambios en presión arterial.

Cambios en la frecuencia cardiaca.

Arritmias.

Infartos al miocardio.

Accidentes vasculares cerebrales.

Migrañas.

Los padecimientos el Sistema de Intercambio están directamente relacionados con los recubrimientos del cuerpo en contacto con el medio externo que están expuestos a sufrir golpes, infecciones, irritaciones, obstrucciones y lastimaduras tal como se expuso más arriba, así como ser la puerta de entrada a padecimientos de diversos órganos y sistemas a través de alimentos, hábitos de higiene, agresiones físicas, productos químicos, contaminación ambiental y patógenos.

Piel y derivados (uñas, cabello, melanocitos, glándulas de secreción externa: sudoríparas, mamarias, sebáceas).

Oídos: Núcleos de los nervios acústicos, tubo auditivo. Oído externo y medio.

Recubrimiento del Sistema digestivo. Boca, glándulas salivales, lengua, esófago, estómago, páncreas, hígado, duodeno, intestino delgado, colon sigmoides y recto.

Recubrimiento del Sistema Respiratorio. Nariz, faringe, amígdalas, laringe, tráquea, bronquios, pulmones.

Recubrimiento del Sistema Genitourinario. Vejiga, túbulos del riñón, uréteres, próstata, vagina, útero, uretra.

Recubrimiento del Sistema circulatorio. Arterias cardiacas y venas coronarias.

Recubrimiento del Sistema Esquelético. Periostio, esmalte dental.

MANEJO DEL ESTRÉS

El manejo del estrés es muy importante en la promoción y fortalecimiento de la salud física, emocional y cognitiva a nivel personal, grupal y organizacional así como en la escuela, los centros de trabajo, en el hogar.

El estrés es un proceso natural que permite al cuerpo actuar ante los retos del medio ambiente. Sin embargo el exceso de estrés trae consecuencias para la salud general. Desde el punto de vista biológico el estrés tiene mucho que ver con la afectación de hormonas y neurotransmisores. En situaciones de estrés controlado, las hormonas del bienestar (como la oxitocina, vasopresina, dopamina, endorfina, serotonina y otras) están por arriba de las hormonas del estrés (cortisol, glucocorticoides). En situaciones de alta presión las hormonas del estrés predominan sobre las hormonas del bienestar.

¿Esto qué significa?

El control adecuado del estrés beneficia a las funciones descritas en el Modelo Kaansafi.

Hay una relación directa entre ciertos niveles de las hormonas del bienestar y buena interacción humana. Cuando esto ocurre mejoran los vínculos sociales, laborales, de pareja y con los hijos. Sin embargo, en la mayoría de las situaciones, no es necesario ingerir o aplicarse hormonas del bienestar para lograr buenas relaciones interpersonales, pues pueden producirse naturalmente en el cuerpo al realizar alguna actividad agradable. Y en esto, cada quién define lo que le es agradable.

Actividades contra el estrés

Ámbitos personales. En términos generales estas actividades implican contacto físico significativo como: caricias, ternura, arrullos, abrazos, masajes e interacción sexual responsable.

Ámbitos intelectuales y recreativos. También pueden ser provocados por actividades intelectuales como una buena conversación o pensar positivamente o por actividades lúdicas como bailar, jugar y reír; pueden ser estimuladas visualmente al observar caras sonrientes, imágenes agradables, auditivamente al escuchar música que a cada quién le guste y también al comer con gusto.

Ámbitos laborales. En el ámbito organizacional el buen manejo del estrés es favorecido por el respeto, el reconocimiento, una sensación de tener un buen desempeño profesional, contar con las destrezas, el ambiente, los insumos y apoyos para realizar las actividades, premios, palabras de aliento y sentido de pertenencia.

Ejercicio, meditación y yoga. Las actividades de relajación de la musculatura, el ejercicio o practicar meditación o yoga ejercen un efecto benéfico sobre el estado de la persona y el manejo de situaciones de estrés. En esta misma línea se ubican los ejercicios y pensamientos de carácter espiritual.

Participación social. Realizar actividades significativas y ayudar a los demás es otra forma de generar hormonas antiestrés.

Administración personal. La organización personal, una buena administración del tiempo y las finanzas, así como la satisfacción de vivir un orden personal en el ámbito cotidiano y laboral también activan las hormonas del bienestar.

Ambientes propicios y adversos

Ambientes propicios. En fin, las hormonas del bienestar se producen en ambientes agradables, significativos y de confianza.

Ambientes adversos. En situaciones adversas aumentan las hormonas del estrés y bajan los niveles de hormonas del bienestar. Esto afecta negativamente la normatividad, las emociones, la racionalidad y la creatividad, Las afectaciones pueden provocar manifestaciones deficitarias o excesivas de cada una de estas funciones. Es por eso que los factores culturales, políticos, sociales, laborales y personales afectan el nivel de bienestar y el grado de estrés. Socialmente el estrés es provocado por exigencias exageradas, situaciones fuera de control, amenazas reales o imaginarias, incertidumbre y preocupación, decepciones, frustraciones prolongadas o por enfermedades físicas y mentales.

EL ESTRÉS Y LAS FUNCIONES DEL MODELO KAANSAFI

Estrés y la normatividad (D)

En la normatividad se afectan la estructura, las funciones y el orden corporal, también hay un deterioro de la fortaleza, las actividades estructuradas y los hábitos personales en la vida cotidiana. El sistema inmunológico se ve comprometido y el cuerpo en general se inflama, lo que aumenta las posibilidades de enfermedad. El estrés afecta los niveles de insulina y el metabolismo de las grasas y el colesterol, situaciones que son factores de riesgo para la diabetes, la arterioesclerosis o los ataques vasculares y cardiacos. Disminuye la precisión y oportunidad de las acciones. Incide negativamente sobre las funciones sexuales. Afecta los ciclos del sueño y de alimentación. Afecta la secuencia de los procedimientos, la organización personal.

Estrés y las emociones (C)

En el ámbito de las emociones se deterioran las relaciones interpersonales y la sociabilidad. Provoca emociones mal manejadas y ansiedad social. Se distorsionan los sentimientos de satisfacción y placer.

Estrés y los procesos intelectuales (A, B)

A nivel intelectual las hormonas del estrés son neurotóxicas, disminuyen la memoria y las habilidades cognitivas y creativas como la atención y el aprendizaje. Provocan fantasías desastrosas, afectan la claridad del pensamiento y la toma de decisiones. Las habilidades para la vida cotidiana disminuyen.

Beneficios de un buen manejo del estrés

El buen manejo del estrés, es decir, la autoadministración, la formación personal y profesional, las técnicas de relajación y meditación, permite apuntalar las habilidades y procesos del pensamiento, estructurar las ideas, fortalecer la atención, memoria y habilidad espacial, el desempeño de las funciones ejecutivas, promover las ideas para la solución de problemas y la curiosidad, la percepción, la concentración, la respuesta al medio y el aprendizaje. Fortalece las relaciones interpersonales, la capacidad de construir con los otros ambientes emocionales y productivos constructivos.

CAPÍTULO 8

GRUPOS Y ORGANIZACIONES

ALGUNOS EJEMPLOS PRÁCTICOS

El Modelo Kaansafi permite identificar el perfil de habilidades de las personas y su proyección en el ámbito grupal y organizacional. Reconoce las interacciones entre las personas y sienta las bases para impulsarlas hacia la sinergia.

En el ámbito del ambiente laboral, orienta el fortalecimiento de las competencias y el desarrollo del talento dentro del marco de los objetivos generales y particulares de la organización. Clarifica la ubicación de la persona en el área y actividad en donde puede aportar más. Permite fortalecer la cultura organizacional y atender los factores de riesgo psicosocial en el trabajo. Contribuye favorablemente en la productividad y el desarrollo de la persona en el marco de la organización.

El Modelo Kaansafi está orientado a fortalecer los factores humanos que inciden sobre cuatro aspectos fundamentales de las personas, grupos y organizaciones:

Dirección - Saber Pensar

Producción – Saber Hacer

Interacción – Saber Relacionarse

Mejoramiento – Saber Innovar

Debido a que las personas que componen una pareja, familia u organización no se hayan dispersas al azar, sino que suelen encontrarse agrupadas con objetivos comunes en busca de una coherencia funcional y estructural, el Modelo aporta un marco interpretativo para comprender y mejorar las interacciones en una estructura organizada y compleja, aporta ciertos patrones y principios aplicables en los procesos de comunicación, el liderazgo, la integración al grupo, la toma de decisiones y el manejo de conflictos.

Los grupos humanos están formadas por personas que tienen características propias y únicas que se expresan cotidianamente, por lo que es importante que compartan un marco conceptual que fomente el fortalecimiento personal y el desarrollo del grupo en su totalidad.

Diagnóstico de las interacciones psicosociales

Con base en las herramientas de diagnóstico del Modelo Kaansafi, se realizan perfiles individuales, de dupla de trabajo, de equipo y de grupo organizacional. El diagnóstico se acompaña de un análisis cualitativo y cuantitativo de la distribución de las habilidades y competencias identificadas y del tipo de interacciones psicosociales que se derivan. El resultado se expone con un informe sencillo de comprender y profundo en sus aplicaciones y alcances, que explica la realidad y es predictivo. A partir de este estudio diagnóstico es posible derivar un plan de trabajo.

ANÁLISIS INDIVIDUAL

Ejemplo: resultados de Antonio

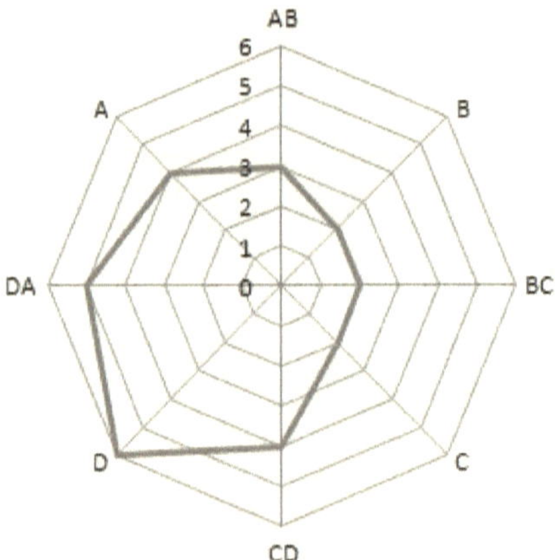

Interpretación de habilidades personales

Antonio presenta muy alta normatividad (D) y alto orden práctico (DA); baja relación personal (CD), empatía (C) creatividad (B) y habilidades de transformación (BC).

Manifiesta alta estructura (predominio del lado izquierdo del esquema) y baja flexibilidad (baja expresión en el lado derecho del esquema). Se relaciona organizando (D) y estructurando pero muestra baja orientación a las interacciones. Las actividades de análisis y búsqueda de información (A) son buenas, se orienta más a los datos menos a los conceptos (AB) y manifiesta una baja identificación con ideas nuevas (B).

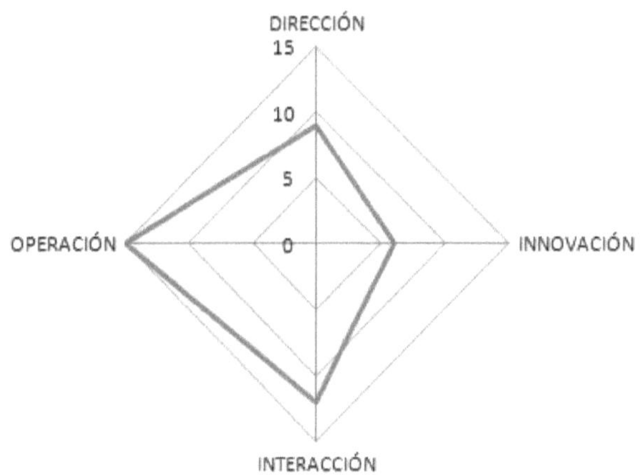

Interpretación de competencias organizacionales en Antonio

Operación

Predominan las competencias operativas que se basan en actividades formales, predecibles y secuenciales. Seguía por patrones preestablecidos de comportamiento y de pensamiento preestablecidos. Es eficiente y productivo.

Interacción

Sus interacciones se manifiestan por un alto contenido normativo (lado izquierdo del esquema) y baja expresión de emotividad y sociabilidad (lado derecho del esquema)

Dirección

Las competencias directivas y estratégicas se manifiestan recurriendo a los datos y menos a una visión estratégica.

Innovación

La orientación hacia la innovación, la transformación y la creatividad se expresa con menos fuerza que para la práctica formal. De hecho las habilidades de flexibilidad, adaptabilidad y transformación se manifiestan como opciones secundarias.

Características genéricas del perfil

Eficiencia y logro de objetivos. Se orienta a la generación y gestión de espacios, productos y recursos materiales. Lleva a cabo procedimientos a través de una adecuada integración entre lo que se debe hacer y lo que se sabe. Los objetivos son totalmente prácticos. Se expresa un liderazgo profesional que puede ser de carácter técnico–manual, cumplimiento de objetivos en cantidad y en calidad, logros atléticos y de precisión corporal. Se basa en la integración a procesos de trabajo eficientes, la aplicación de habilidades manuales técnicas, realización de actividades con objetivos, procedimientos y adecuada capacitación.

Riesgos del perfil

Resistencia al cambio, poca resistencia a presiones, falta de flexibilidad para la adaptación, conservadurismo. La preocupación excesiva por lo que es real, puede bloquear la creatividad y nuevas realidades. El exceso de control puede transformarse en una barrera incluso para la función que se supone se debe cumplir. Puede que llegue a no comprender la visión global y mostrar baja capacidad de manejar abstracciones por lo que podría no entender ideas y opiniones basadas en la experiencia ajena. Otro riesgo genérico del perfil es que muestra rigidez en las relaciones interpersonales y se crean posibles conflictos con personas creativas con actitudes más flexibles y adaptativas.

Actividades para el plan de desarrollo

Uno de los principios entre la funciones sensocognitivas radica en que la práctica formal se equilibra con base transformadora, por lo que para promover las áreas que no han sido consideradas prioritarias es adecuado establecer un programa de actividades orientadas a fortalecer la creatividad, la innovación y la emotividad.

Se realiza para cada uno de los participantes un análisis individual. A partir de ello se observan las interacciones entre las dos personas, en este caso Antonio y María. Este análisis es útil para duplas que colaboran en un área o trabajan en un mismo proyecto.

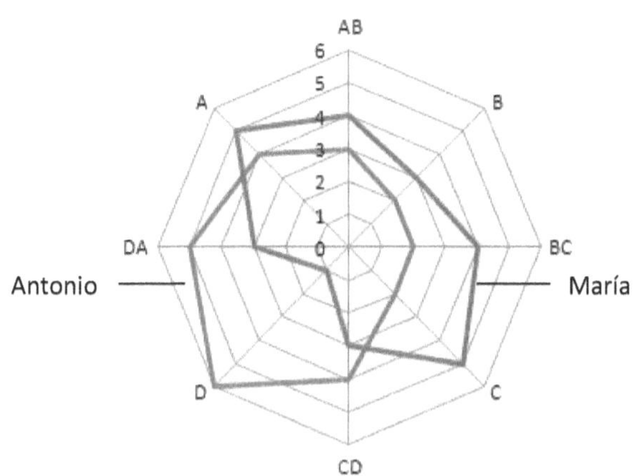

Interpretación de habilidades e interacciones de la dupla

La concordancia de esta dupla se da en el aspecto de las habilidades analíticas. Cuando es necesario manejar información (A) sobre alguna situación lo hacen de manera fluida y coinciden, sin embargo, pueden diferir en la interpretación y proyección de la misma (AB). Además del aspecto racional, Antonio es normativo (D), con comportamiento preestablecido y María es emotiva (C), espontánea (BC). Esto puede provocar conflictos importantes en la relación, sin embargo, si logran complementarse y aportar cada uno sus fortalezas, identificando los momentos, situaciones y límites para la participación de uno y del otro, la pareja adquiere un equilibrio importante. Hay pocos puntos de contacto en lo estructural (DA), en lo interpersonal (CD), creativo (B), lúdico (BC) y emocional (C). Requieren trabajo previo para generar conciencia de la participación de cada uno, de sus diferencias y del impacto que esto conlleva para la vida cotidiana con el objetivo de construir una sinergia que fortalezca a la dupla y disminuya conflictos.

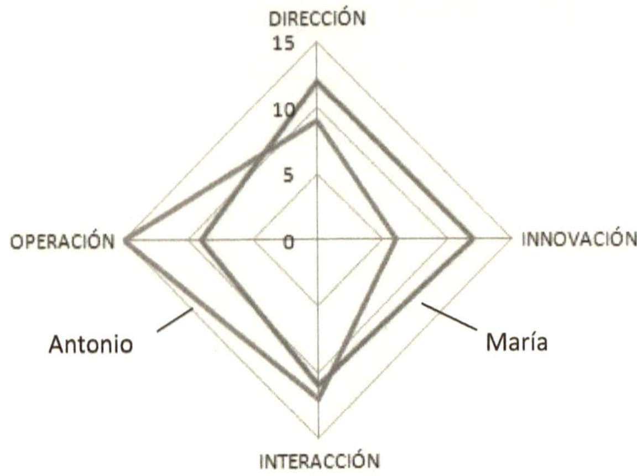

Interpretación de las competencias organizacionales de la dupla de trabajo

Como dupla abarcan todas las áreas. En Antonio predominan las competencias prácticas específicamente las relacionadas con la operación, en María destacan las competencias de dirección e innovación. La interacción se expresa en Antonio con un sesgo altamente normativo y en María con un sesgo emocional. Dado que las competencias se manifiestan de manera desigual entre las dos personas, la complementariedad y expresión en la dupla requiere de una intervención consciente. Los acuerdos, logro de objetivos, interacciones y manejo de conflictos se pueden lograr dado que ambos manifiestan una tendencia racional lo que permite un punto de entendimiento. En términos generales es una relación que requiere mucha energía para que se consolide y logre la estabilidad.

Incluye el perfil de 4 personas. Se suman Edgardo y Rocío.

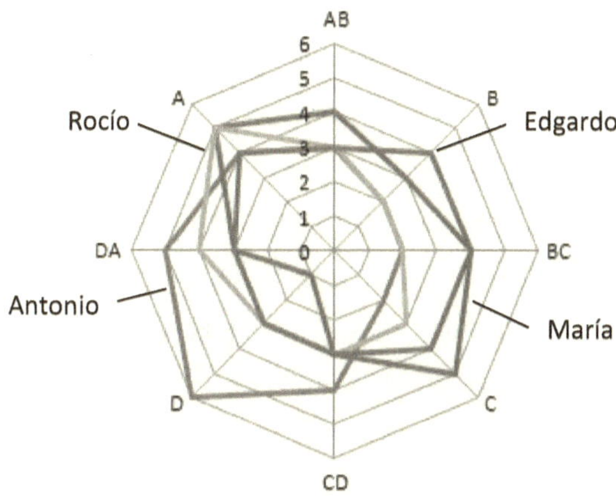

Interpretación de habilidades e interacciones del equipo

Dinámica del equipo de 4 personas. Como equipo se observa un perfil dominante orientado a la estructura, formalidad y procedimientos con base en las habilidades de análisis, ejecución y organización (vea el predominio de actividad en el lado izquierdo del esquema) en este aspecto Antonio podría marcar el liderazgo. María manifiesta habilidades que influyen en el ambiente emocional (C) lo cual tiende hacerlo con mucho tino debido a sus habilidades conceptuales (AB). Edgardo, incluido ahora, podría enriquecer el desenvolvimiento del equipo con ideas y proyecciones creativas (B). María y Edgardo coinciden en su orientación hacia la innovación (BC) y en su distanciamiento de la práctica formal (AD). Rocío es altamente analítica (A), en esto coincide con María y dado que esta característica analítica es el único punto de contacto que comparten todos los integrantes, Rocío podría tener un papel destacado en conformar la cohesión del equipo.

Interpretación de las competencias organizacionales del equipo

En el equipo predominan las competencias operativas, seguidas de dirección e interacción y con menor presencia de la innovación. Es importante destacar que aunque el aspecto de la interacción (ángulo inferior del esquema) es un indicador importante en el grupo, la participación no es homogénea, algunos interactúan desde las emociones (lado derecho del esquema) y otros desde la normatividad (lado izquierdo del esquema).

El conjunto de los integrantes abarcan la totalidad de las competencias, sin embargo para que sus aportaciones sean valoradas y tengan un impacto constructivo en las actividades debe quedar clara la participación de forma individual y su proyección en los espacios y procesos compartidos, de lo contrario pueden generarse conflictos. El grupo es muy heterogéneo y requiere de un entendimiento consciente de las diferencias con el fin de lograr una sinergia y evitar choques y barreras que afectan el ambiente laboral y la productividad. Es deseable crear un espacio para el diálogo y la resolución de conflictos lo cual es viable por el perfil analítico de todos los participantes.

Tendencia general del grupo

Para realizar el análisis grupal en una organización, se realizan los perfiles individuales y posteriormente se integran para conocer la tendencia general.

Interpretación de habilidades e interacciones del grupo

Se analizó un grupo de alta dirección con responsabilidades de planeación estratégica, control de actividades operativas y con la responsabilidad de proponer nuevos productos y procesos de venta así como el mejoramiento de los ya existentes con el fin de impulsar el crecimiento y posicionamiento de la empresa.

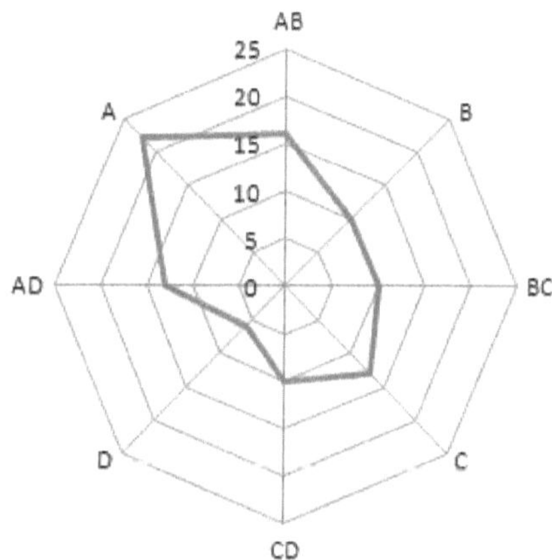

De acuerdo con los resultados obtenidos, el grupo dedica mucho tiempo y esfuerzo a la búsqueda y organización de información (A) (AD) y a la planeación a futuro (AB), lo cual se manifiesta como el área destacada de su actividad. Por otro lado, tiene expresiones bajas en creatividad (B), en propuestas novedosas (BC) y en las interacciones personales (C) (CD). Se observa una muy baja tendencia a la organización interna (D). Estas condiciones generan aislamiento, una comunicación interpersonal deficiente y logros prácticos por debajo de sus expectativas.

Interpretación de las competencias organizacionales del grupo

Se observa una tendencia al predominio de las competencias directivas lo cual concuerda plenamente con sus objetivos; las competencias operativas son bajas por lo que se requiere identificar si esta es una condición deseable para los fines del grupo.

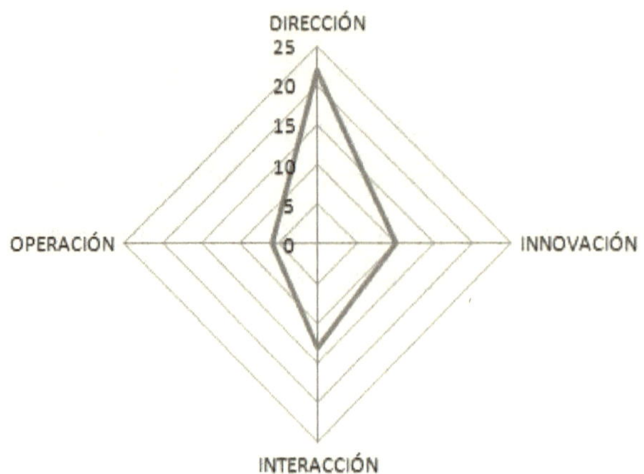

Debido a que también se hizo explícito que entre sus funciones se requiere generar propuestas innovadoras y se observa que esta competencia es baja, se hace necesario reforzarla o, en su caso, tomar una decisión alterna y complementaria y delegar estas actividades en personal especializado. Este es un grupo que toma decisiones en conjunto por lo que es importante fortalecer las competencias de interacción.

PANORAMA BIBLIOGRÁFICO

Temas consultados: neurociencias, ciencias biológicas, epistemología y educación, psicología y desarrollo psicosocial, integración de conocimientos, filosofía, sociología y comunicación, derecho, factores humanos, metodología y administración, teoría de sistemas, cibernética y termodinámica, sistemas diferenciados, sistemas complejos y propiedades emergentes, conocimiento antiguo y alternativo, arquitectura y arte.

Para fortalecer la comprensión de los conocimientos a integrar al Modelo Kaansafi profundice en estos temas en ediciones y publicaciones recientes. Se exponen a continuación ediciones tradicionales las cuales también le aportarán importantes ideas.

NEUROCIENCIAS

Allport, Susan. Explorers of de Black Box, The search for the cellular basis of
    memory, W.W. Norton & Company, New York, London. 1986.

Asimov, Isaac. The human brain. Its capacities and functions, New York,
    USA,1963.

Azcoaga, Juan y cols. Las funciones cerebrales superiores y sus alteraciones en el
    niño y en el adulto, Paidós neuropsicología. Buenos Aires, Argentina, 1983.

Del Río, Norma (compiladora). Experiencia y organización cerebral, UAM –
    Xochimilco, México, 1993.

Enríquez Frödden, Edgardo. Texto de Anatomía del Sistema Nervioso Central,
    Tomos I y II, Francisco Méndez Oteo, México, 1980.

Fridmann, Wolf H. El cerebro móvil. De la inmunidad al sistema inmune, Sección
    de Obras de Ciencia y Tecnología, Fondo de Cultura económica, 1997.

Matzke, Howard A.; Foltz, Floyd M. Sinopsis de Neuroanatomía, La Prensa Médica
    Mexicana, Editorial Fournier, México, 1972.

OCDE. La comprensión del cerebro. Hacia una nueva ciencia del aprendizaje,
Aula XXI, Editorial Santillana, México, 2003. Traducción de Sergio Bojalil
Parra, Patrocinada por Educein S.C.

Springer, S.P.; Deutch, G. Cerebro izquierdo, cerebro derecho, Colección Límites
de la Ciencia, Editorial Gedisa, Barcelona, España, 1984.

Wolpaw, Jonathan R.; Schmidt, Jihn T.; Vaughan, Theresa M. (Editors). Activity-
Driven CNS Changes in Learning and Development, Annals of the New York
academy of Sciences, Volume 627, USA, 1991.

CIENCIAS BIOLÓGICAS, ANATOMÍA Y FISIOLOGÍA

Enríquez, Edgardo; Bojalil, Sergio. Anatomía del corazón, Biblioteca universitaria
Básica, Editorial Trillas, México,1991.

Goldstein, Kurt. La structure de l'organisme, Éditions Gallimard, France, 1983.

Kimber, Diana Clifford; Gray, Carolyn E. Manual de anatomía y fisiología, La
Prensa Médica mexicana, México, 1976.

Potiomkin, V.V. Endocrinología, Editorial Mir, Moscú, 1981.

Sitio en internet:

Paniagua Gómez-Álvarez, Ricardo. *El embrión Humano,* Biología Celular,
Universidad de Alcalá.

http://www3.uah.es/benito_fraile/ponencias/embrion-humano.pdf

EPISTEMOLOGÍA Y EDUCACIÓN

Eraut, Michael. *Developing Professional Knowledge and Competence*, The Falmer
Press, London, Washington D.C., 2004.

Gutiérrez Vázquez, Juan Manuel. *Aprendiendo a enseñar y enseñando a
aprender,* Editorial Trillas, México, 2006.

Piaget, Jean. *La epistemología genética,* Colección Universitaria, Editorial Debate,
Madrid, España. 1986.

Postman, Neil. *La enseñanza como actividad de conservación de la cultura,* Roca
Pedagogía, México, 1984.

Vogostky, Lev S. *Pensamiento y lenguaje,* Editorial Pueblo y Educación, Ministerio de Educación, La Habana, Cuba, 1982.

PSICOLOGÍA Y DESARROLLO PSICOSOCIAL

Aznavwrian, Pablo. Sinergética creativa, El camino de la transformación expresiva, Ed, Palibrio, EUA, 2011.

Biro R, Carlos. Charlas directas con el Dr. Carlos Biro Rosenblueth, México, 1984.

Erik, Berne. Juegos en los que participamos, Sicología de las relaciones humanas, Editorial Diana, México, 1988.

Erikson, E, H. *El ciclo vital completado*, Paidós Studio, Buenos Aires, Argentina, 1985.

Erikson, Erik H, Infancia y sociedad, Ediciones Hormé, Buenos Aires, Argentina, 1985,

Estudios acerca de la conciencia. Selección de temas publicados en el *Journal of Conciousness Studies*, (1994-1999), México, 2005.

Fadiman, James, Frager, Robert. *Sigmund Freud* en *Teorías de la personalidad*, Harla, México, 1979.

Fadiman, James, Frager, Robert. *Sufismo* en *Teorías de la personalidad*, Harla, México, 1979.

Piaget, Jean. *Seis estudios de psicología*, Ensayo Seix Barral, Barcelona, México, 1977.

Stevens, John O. *El darse cuenta, Sentir, imaginar, vivenciar; ejercicios y experimentos en terapia gestáltica*, Cuatro Vientos Editorial, Chile, 1990.

Timbergen, Niko. *Conducta Animal*, Life, Colección popular, Time - Life International (Nederland) NV, 1968.

Vogostky, L, S. *El desarrollo de los procesos psicológicos superiores*, Editorial Crítica, Grupo Editorial Grijalvo, Barcelona, España, Impreso en México, 1988.

Sitio en internet:

UNICEF, Fondo de las Naciones Unidas para la Infancia. *Desarrollo emocional clave para la primera infancia,* Fundación Kaleidos, Buenos Aires, Argentina, Abril de 2012.

http://files.unicef.org/ecuador/Desarrollo_emocional_0a3_simples.pdf

INTEGRACIÓN DE CONOCIMIENTOS

Argyros, Alexander. *La integración del conocimiento*, Traducción de Sergio Bojalil Parra, Revista Reencuentro, número 17, Universidad Autónoma Metropolitana Unidad Xochimilco, México, 1996.

Arias García, Juan Jesús. *Ciencia y hermenéutica*, Revista Reencuentro, número 17, Universidad Autónoma Metropolitana Unidad Xochimilco, México, 1996.

Aznavwrian, Pablo. *El cultivo de la creatividad*, Revista Reencuentro, número 17, Universidad Autónoma Metropolitana Unidad Xochimilco, México, 1996.

Benedikt, Michael L. *Integración de conocimiento: arte, ciencia y tecnología*, Traducción de Julio César Schara y Sergio Bojalil-Parra, Revista Reencuentro, número 19, Universidad Autónoma Metropolitana Unidad Xochimilco, México, 1997.

Bojalil-Parra, Sergio. *Comentario sobre la integración del conocimiento*, Revista Reencuentro, número 19, Universidad Autónoma Metropolitana Unidad Xochimilco, México, 1997.

Bojalil-Parra, Sergio. *Innovación educativa y desarrollo humano*, Revista Reencuentro, número 13, Universidad Autónoma Metropolitana Unidad Xochimilco, México, 1994.

Bojalil-Parra, Sergio. *Innovación Educativa*, Presentación, Revista Reencuentro, número 13, Universidad Autónoma Metropolitana Unidad Xochimilco, México, 1994.

De Pryck, Koen. *Creando un futuro*, traducción y síntesis de Sergio Bojalil-Parra, Revista Reencuentro, número 13, Universidad Autónoma Metropolitana Unidad Xochimilco, México, 1994.

De Pryck, Koen. *Integración del conocimiento: vinculando ontologías parciales*, traducción de Sergio Bojalil-Parra, Revista Reencuentro, número 17, Universidad Autónoma Metropolitana Unidad Xochimilco, México, 1996.

Turner, Frederick. *La Reconstrucción de la Esperanza*, traducción de Julio César Schara y Sergio Bojalil-Parra, Revista Reencuentro, número 19, Universidad Autónoma Metropolitana Unidad Xochimilco, México, 1997.

Turner, Frederick. *Tempest, flute & Oz, Essays on the future*, Persea Books, New York, 1991.

Zeromsky, Andrzej. *El cultivo de la creatividad en la Universidad*, Revista Reencuentro, número 17, Universidad Autónoma Metropolitana Unidad Xochimilco, México, 1996.

FILOSOFÍA, SOCIOLOGÍA Y COMUNICACIÓN

Guidens, Anthony. *Modernity and Self-Identity, Self and society in the late modern age,* Polity Press, Cambridge, UK, 1991.

De Moragas Spa, Miquel. *Teorías de la Comunicación*, Editorial Gustavo Gili S,A, Barcelona, España 1981.

Luhmann, Niklas. *Sistemas Sociales, Lineamientos para una Teoría General,* Traducción de Sivia Pappe y Brunhilde Erker; coordinadores Javier Torres Nafarrete, Rubí (Barcelona): Anthropos; México: Universidad Iberoamericana; Santafé de Bogotá: CEJA, Pontifica Universidad Javeriana, 1998.

Luhmann, Niklas. *Complejidad y Modernidad, De la unidad a la diferencia, -* Edición y traducción de Josetxo Berian y José María García Blanco, Editorial Trotta, S,A, 1998.

Sigerist, Henry E. *Civilization and Disease*, Phoenix Science Series, Phoenix Books, The University of Chicago Press, Chicago, USA, 1962.

Símbolos y significados en la revista *Tramas, Subjetividad y Procesos Sociales*, Num 13, UAM- Xochimilco, México, 1998.

Walsh, Paddy. *Education and meaning, Philosophy in practice.* Cassel Education, London, 1993.

Xirau, Ramón. *Introducción a la historia de la filosofía*, Colección Textos Universitarios, Coordinación de Humanidades, Dirección General de Publicaciones, UNAM, México, 1990.

DERECHO

Borja Soriano, Manuel. *Teoría general de las obligaciones*, Editorial Porrúa, México, 2012.

Villoro Torranzo, Miguel. *Introducción al estudio del derecho*, Editorial Porrúa, México, 2012.

FACTORES HUMANOS

Aznavwrian, Pablo. *Factores humanos en las organizaciones*, Ascet Consultores, Documento de trabajo, México, 1987.

Aznavwrian, Pablo. *Liderazgo y administración de recursos*, Ascet Consultores, Documento de trabajo, México, 1987.

De Bonno, Edward. *Seis sombreros para pensar*, Edicones Granica, México, 1988.

De Bono, Edward. *El pensamiento Lateral, Manual de creatividad*, Paidos Studio, Buenos Aires, Argentina, 1989.

Forgus, Ronald H.; Melamed, Lawrence E. *Percepción, Estudio del desarrollo cognitivo,* Editorial Trillas, México, 1989.

Goldberg, Philip. Las ventajas de la intuición, Editorial Diana, México, 1990.

Hanson, Peter G. *El placer del estrés*, SITESA, Méxic,1989.

Harris, Thomas A. *Yo estoy bien, tú estás bien*, Ediciones Grijalbo, Barcelona, España, 1973.

Rose, Sheldon D. *Working with adults in groups*, Jossey Bass Publishers, San Francisco - Oxford, 1990.

METODOLOGÍA Y ADMINISTRACIÓN

Alvesson, Mats; Sköldberg, Kaj. *Reflexive Methodology, New vistas for qualitative research*, SAGE Publications, London Uk, 2000.

Newman, Warren, Scheen. *The process of management, Strategy, action, results*, Prentice Hall, Inc, USA, 1982,

Steiner, George A. *Planeación estratégica, Lo que todo director debe saber*, Editorial CECSA, México D,F, 1988.

TEORÍA DE SISTEMAS, CIBERNÉTICA Y TERMODINÁMICA

García Colín, Leopoldo. *El concepto de entropía*, Cuadernos del seminario de problemas científicos y filosóficos, Colección Nueva época, No. 6, UNAM, 1989.

Ibáñez Aguirre, José Antonio. *Para leer a Luhmann*, Universidad Iberoamericana México, 2013.

Johansen Bertoglio, Oscar. *Introducción a la teoría general de sistemas*, Editorial Limusa, México, 1994.

Wainzenbaum, Joseph. *Computer power and human reason, From Judgement to calculation,* W. H. Freeman and Company, San Francisco, USA, 1976.

Wiener, Norbert. *Cybernetics, control and communication in animal and the machine,* The MIT Press, Cambridge Massachusetts, Second edition, 1961.

SISTEMAS DIFERENCIADOS

Sitios en internet

Introducción a los conceptos básicos de la teoría general de sistemas, Facultad de Ciencias Sociales Universidad de Chile,
http://www.facso.uchile.cl/publicaciones/moebio/03/frprinci.htm

La Teoría de Sistemas de Niklas Luhmann
https://colaboratorio1.wordpress.com/2008/01/18/la-teoria-de-sistemas-de-niklas-luhmann/

Teoría de los sistemas II
http://luhmannteoria.blogspot.com/

SISTEMAS COMPLEJOS Y PROPIEDADES EMERGENTES

Sitios en internet

Miramontes, Octavio. *Los sistemas complejos como instrumentos de conocimiento y transformación del mundo*, Departamento de Sistemas Complejos, Instituto de Física, UNAM, México, 1999.

http://scifunam.fisica.unam.mx/mir/mundo.html

Propiedades emergentes

https://filosofia.laguia2000.com/mistica/metafisica/propiedades-emergentes

CONOCIMIENTO ANTIGUO Y ALTERNATIVO

El Kybalion, Estudio sobre la filosofía hermética del antiguo Egipto y Grecia, Editorial EDA, Madrid, España, 2002.

Greene, Liz. *Relaciones humanas, Un enfoque psicológico de la astrología*, Ediciones Urano, Barcelona, 1986.

ARQUITECTURA Y ARTE

Islam, arte y arquitectura, Edición de Markus Hattstein y Peter Delius, Konemann, Impreso en Italia, 2004.

Sitio en internet:

Ars Gravis, Arte y Simbolismo, Universitat de Barcelona.

http://www.arsgravis.com/?p=89

CULTURA, FILOSOFÍA E HISTORIA DEL LEVANTE MEDITERRÁNEO

Blázquez, J.M., Alvar, J., Wagner, Carlos G. Fenicios y cartagineses en el Mediterráneo, Historia/Serie Menor, Ediciones Cátedra S.A., Madrid, España, 1999.

Del Olmo Lete, Gregorio. Mitos, leyendas y rituales de los semitas occidentales, Pliegos de Oriente, Serie: Próximo Oriente, Edicions de la Universitat de Barcelona, Editorial Trotta, S.A. Madrid, España, 1998.

Ferrero Carracedo, Luis. Entre la luz y la palabra II, Los semitas y nosotros, Fundación Universitaria Española, Madrid, España, 2001.

Sitios en internet:

Bojalil-Parra, Sergio. Fenicia, fenicios en Educein.

www.historiaydesarrollo.com también en http://feniciaymás.blogspot.com

Bojalil-Parra, Sergio. El Octagrama Educein Kaansafi.

https://sites.google.com/a/educein.org/el-octagono/home

www.ingramcontent.com/pod-product-compliance
Lightning Source LLC
Chambersburg PA
CBHW031108250726
48655CB00004B/1626